首批国家级线上线下混合式一流课程配套教材
山东省"111 计划"计算机专业核心教材配套参考书

人工智能通识教程

（Python 编程实践篇）

主　编　李克峰
副主编　王　朋　张广渊　付　晨
　　　　于晓梅　杨　海

中国教育出版传媒集团
高等教育出版社·北京

内容简介

本书面向人工智能初学者，聚焦 Python 实践，内容涵盖开发环境搭建、数据获取与标注基础、文本处理、经典图像识别、实用行为监测、语音识别及数据分析应用，注重代码级的实践，涉及数据处理、机器学习、深度学习和计算机视觉等主流技术。

本书配套资源丰富，包括国家级一流课程"人工智能基础"（负责人：张广渊，课程平台：智慧树）、教学课件、习题等。读者可通过作者邮箱（xdzhanggy@163.com）或访问高等教育出版社新形态教材网获取。

本书既可作为高等学校非计算机类专业的人工智能通识课程实践教材，也可作为计算机类相关专业的人工智能引论课程实践教材。

图书在版编目（CIP）数据

人工智能通识教程. Python编程实践篇 / 李克峰主编；王朋等副主编. -- 北京 ：高等教育出版社，2025.9. -- ISBN 978-7-04-065582-7

Ⅰ. TP18；TP312.8

中国国家版本馆CIP数据核字第2025NW6684号

Rengong Zhineng Tongshi Jiaocheng (Python Biancheng Shijianpian)

策划编辑	刘 娟	责任编辑	葛 心	封面设计	张 志	版式设计	曹鑫怡
责任绘图	李沛蓉	责任校对	窦丽娜	责任印制	张益豪		

出版发行	高等教育出版社	网　　址	http://www.hep.edu.cn
社　　址	北京市西城区德外大街 4 号		http://www.hep.com.cn
邮政编码	100120	网上订购	http://www.hepmall.com.cn
印　　刷	北京中科印刷有限公司		http://www.hepmall.com
开　　本	787 mm×1092 mm　1/16		http://www.hepmall.cn
印　　张	14.75		
字　　数	240 千字	版　　次	2025 年 9 月第 1 版
购书热线	010-58581118	印　　次	2025 年 9 月第 1 次印刷
咨询电话	400-810-0598	定　　价	38.20 元

本书如有缺页、倒页、脱页等质量问题，请到所购图书销售部门联系调换

版权所有　侵权必究

物 料 号　65582-00

新形态教材网使用说明

人工智能通识教程
（Python 编程实践篇）

主 编 李克峰

副主编 王 朋 张广渊 付 晨
于晓梅 杨 海

1 计算机访问 https://abooks.hep.com.cn/65582 或手机微信扫描下方二维码进入新形态教材网。

2 注册并登录后，计算机端进入"个人中心"，点击"绑定防伪码"，输入图书封底防伪码（20 位密码，刮开涂层可见），完成课程绑定；或手机端点击"扫码"按钮，使用"扫码绑图书"功能，完成课程绑定。

3 在"个人中心"→"我的学习"或"我的图书"中选择本书，开始学习。

人工智能通识教程（Python 编程实践篇）

主编 李克峰

副主编 王 朋 张广渊 付 晨 于晓梅 杨 海

出版单位 高等教育出版社

开始学习　收藏

　　受硬件限制，部分内容可能无法在手机端显示，请按照提示通过计算机访问学习。

　　如有使用问题，请直接在页面点击答疑图标进行咨询。

https://abooks.hep.com.cn/65582

编写委员会

前　　言

人工智能作为新一轮科技革命和产业变革的核心驱动力，正深刻改变着人类社会的生产生活方式。从智能助手到自动驾驶，从医疗诊断到艺术创作，人工智能技术已渗透到各个领域，成为推动社会进步的关键引擎。在此背景下，培养具备人工智能素养的复合型人才，已成为高等教育的重要使命。为此，我们打造了这套理论与实践并重、分层可拓展的"人工智能通识教程"体系，旨在通过理论与实践结合、工具与编程并重的多维视角，为学生构建全面、系统的人工智能知识体系，助力其成为未来智能时代的创新者和实践者。

"人工智能通识教程"体系面向人工智能的初学者与爱好者，采用通俗易懂的语言和"1＋3"模块化结构设计，通过基础理论、应用实践、项目实践和拓展延伸的分层递进教学，帮助学习者系统掌握人工智能核心技术，培养解决实际问题的能力，实现从理论认知到实践应用的全方位提升，充分体现"分层教育、因材施教"的现代教学理念。

在"1＋3"模块化结构中，"1"是指《人工智能通识教程（理论篇）》（以下简称《理论篇》）。《理论篇》聚焦人工智能的核心概念与发展脉络，构建完整知识地图，内容包括：人工智能的定义、分类、研究范式及伦理挑战，机器学习、深度学习等关键技术原理，计算机视觉、自然语言处理、智能机器人等领域的前沿应用。《理论篇》的特色是注重知识体系的逻辑性与完整性，通过历史演进分析、技术对比研究与典型案例剖析，帮助读者奠定扎实的理论基础。

"3"则包括《人工智能通识教程（AI 工具实践篇）》《人工智能通识教程（低代码实践篇）》和《人工智能通识教程（Python 编程实践篇）》三个分册。这三个分册提供三阶段阶梯式递进技能训练，以满足不同学科专业和学生的差异化需求。每册教材均配备丰富的案例和实操项目，引导学生从理论到实践逐步进阶，通过动手操作掌握 AI 工具应用、低代码开发及 Python 编程技能，最终形成综合应用能力。

第一阶梯是《人工智能通识教程（AI 工具实践篇）》：面向人文社科学生，通过 DeepSeek、WPS AI、Midjourney 等主流工具的零代码操作，开展文字生成、数据可视化、音视频创作等场景化实践，在降低技术门槛的同时培养负责任的 AI 应用意识。本分册的特色是"零代码"实践，使非技术背景读者能快速体验 AI 魅力并激发持续学习动力。

第二阶梯是《人工智能通识教程（低代码实践篇）》：依托阿里魔搭平台，通过低代码技术实现中文分词、人脸识别、文生图等任务，对比不同模型性能，分析技术选型与优化策略，探索高效开发路径。并结合行业案例，展现 AI 技术落地的商业价值。本分册的特色是打破传统开发壁垒，让读者专注于业务逻辑创新，适应更专业的应用需求。

第三阶梯是《人工智能通识教程（Python 编程实践篇）》：面向编程实践，强化技术实现能力，以 Python 编程为核心，讲解数据采集、处理、建模与部署全流程；提供手写数字识别、人脸检测、音频处理等典型项目代码；结合开源框架与算法库，培养工程化解决问题思维能力，提升编程能力素养。本分册的特色是强调"做中学"，通过可复现的代码案例，帮助读者从理论迈向工程实践。

实践篇三本分册的学习难度呈现递进关系，既形成了"应用→优化→创造"的递进式能力培养链，又独立成体系，各专业可根据专业特点以及与人工智能的耦合程度，选择"理论篇＋AI 工具实践篇""理论篇＋低代码实践篇"或"理论篇＋Python 编程实践篇"，也可根据实际情况对学有余力的学生进行多实践篇内容组合授课。本套教材体系通过理论篇和实践篇的不同组合，既可作为非计算机类专业的人工智能通识课教材，也可作为计算机类相关专业的人工智能引论课程教材。

"人工智能通识教程"体系由张广渊策划及统稿。本书是《人工智能通识教程（Python 编程实践篇）》，其中，第 1 章由侯世中编写，第 2 章由李克峰、张广渊编写，第 3 章由杨海、杨光编写，第 4 章由于晓梅、徐丽萍编写，第 5 章由朱振方、肖祥丽编写，第 6 章由李克峰、王广香、亓江涛编写，第 7 章由李克峰、王朋编写，第 8 章由李克峰、倪燃、戴礼娥编写，第 9 章由李克峰、康玲、付晨编写，第 10、11 章由杨海、王德利编写。

本书在写作过程中得到许多人的关心和帮助，在此，要特别感谢赵永朋、于佳蕙和李萌对教材内容的整理，高等教育出版社刘娟女士和林冠军先生对教材出版的付出。此外，本套教材的出版得到了"山东省普通本科高校重点领域教学改革试点项目（计算机科学与技术专业）""山东省本科高校人工智能赋能重点领域教学改革'111 计划（D2024003/ D2024004）'"等项目的支持，在此一并表示感谢。

由于作者水平有限，本书难免存在不妥之处，恳请广大读者不吝指正。作者邮箱为 xdzhanggy@163.com。

编者团队

2025 年 4 月 18 日

目　录

人工智能通识教程（Python 编程实践篇）

第1章 Python 编程环境配置

在人工智能 Python 实践的学习旅程中，环境配置是不可或缺的基石。它不仅决定了我们能否顺利运行代码、进行实验，还直接影响到学习效率与成果输出。一个稳定、高效且配置齐全的开发环境，能够极大地提升编程体验与问题解决能力。从安装 Python 解释器、配置 IDE（如 PyCharm 或 Spyder），到搭建深度学习框架（如 TensorFlow 或 PyTorch），每一步都至关重要。正确的环境配置能够避免版本冲突、依赖缺失等问题，确保学习者专注于算法逻辑与模型优化，而非烦琐的环境调试。因此，掌握并重视环境配置，是每位踏入人工智能领域的学子必备的技能。本章主要介绍如何使用 Anaconda 来进行环境配置。

1. 安装 Anaconda

（1）下载：到官网下载适合自己系统的 Individual Edition，本课程的实验均在 Windows 10 64bit 系统下进行。

（2）安装：运行下载好的安装文件安装 Anaconda。使用默认设置即可，安装目录可以根据需要进行调整，如图 1-1 和图 1-2 所示。

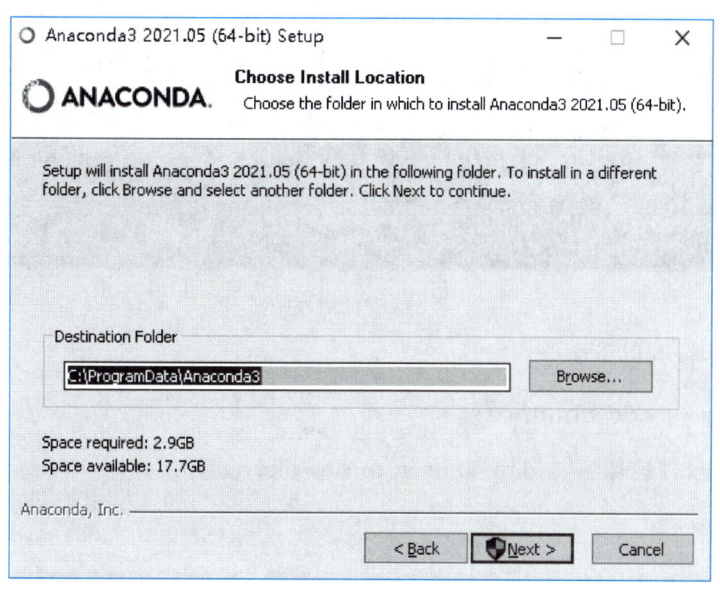

图 1-1　安装 Anaconda 目录设置

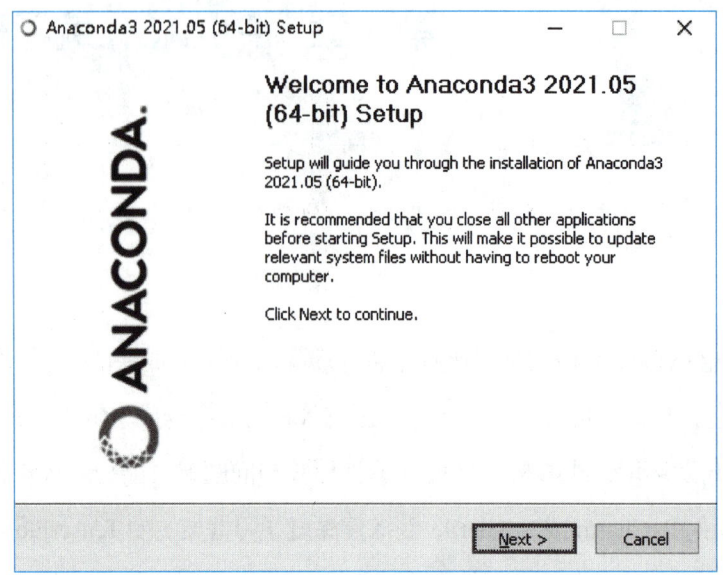

图 1-2　安装 Anaconda

（3）添加清华大学镜像源：安装完成后在"开始"菜单找到 Anaconda3 目录下的 Anaconda Prompt，右击，在更多中选择"以管理员身份运行"，如图 1-3 所示。

图 1-3　以管理员身份运行

在命令行中输入以下命令：

```
conda config --add channels
"清华大学开源软件镜像站"网址①/anaconda/pkgs/free/
```

—————————————

① 在百度中输入关键字"清华大学开源软件镜像站"后搜索，即可打开网页获得网址。

```
conda config --add channels
"清华大学开源软件镜像站"网址 /anaconda/pkgs/free/
conda config --set show_channel_urls yes
```

完成清华大学镜像源的添加。可以使用以下命令查看添加结果，如图 1-4 所示。

```
conda config --show channels
```

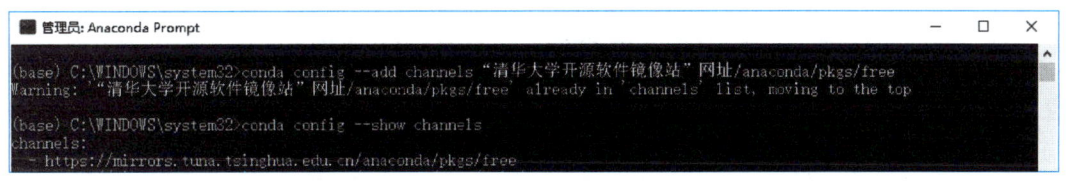

图 1-4　查看添加结果

2. 创建环境

在人工智能 Python 实践过程中，我们经常会遇到需要配置不同版本的 Python 环境以及不同版本的第三方库的情况，这主要基于以下几个方面的原因。

首先，项目依赖性是一个关键因素。不同的项目可能基于特定的 Python 版本或第三方库版本进行开发。例如，一些旧项目可能还在使用 Python 2.x，而新项目则普遍采用 Python 3.x。同时，项目中的某些功能可能高度依赖于某个第三方库的特定版本，这就要求我们选择与项目相匹配的 Python 和库版本。

其次，兼容性问题也不容忽视。Python 和第三方库的不同版本之间可能存在不兼容的情况。例如，Python 3.x 引入的一些新特性在 Python 2.x 中可能无法支持，或者第三方库的新版本可能不再与旧版本的 Python 兼容。因此，为了确保代码能够顺利运行，我们需要选择与项目或功能相兼容的 Python 和库版本。

再者，安全性考虑也是必不可少的。随着技术的不断进步，Python 和第三方库的新版本通常会修复旧版本中的安全漏洞。为了保障系统的安全性，我们需要及时升级到较新的 Python 和库版本。然而，在某些情况下，由于项目依赖或兼容性原因，我们可能无法立即升级到最新版本，这时就需要我们保留多个版本的 Python 和库。

最后，实验与测试的需求也是配置不同版本环境的重要原因。在开发过程中，我们可能需要在不同版本的 Python 和第三方库上进行实验和测试，以评估代码在不同环境下的性能和稳定性。这有助于我们发现潜在的兼容性问题，并为最终选择最合适的 Python 和库版本提供依据。

因此，在使用 Python 实现人工智能算法的过程中，如何配置不同版本的 Python 环境以及第三方库是非常重要的，本节主要介绍如何使用 Anaconda 创建虚拟环境并配置相应的 Python 版本和第三方库（以 OpenCV 为例）。

（1）命令行模式

以管理员模式打开 Anaconda Prompt，在命令行输入指令：

```
conda create -n DIP python=3.6
```

准备好之后输入 y 开始创建虚拟环境 DIP（DIP 可以自己命名，修改相应命令即可），如图 1-5 所示。

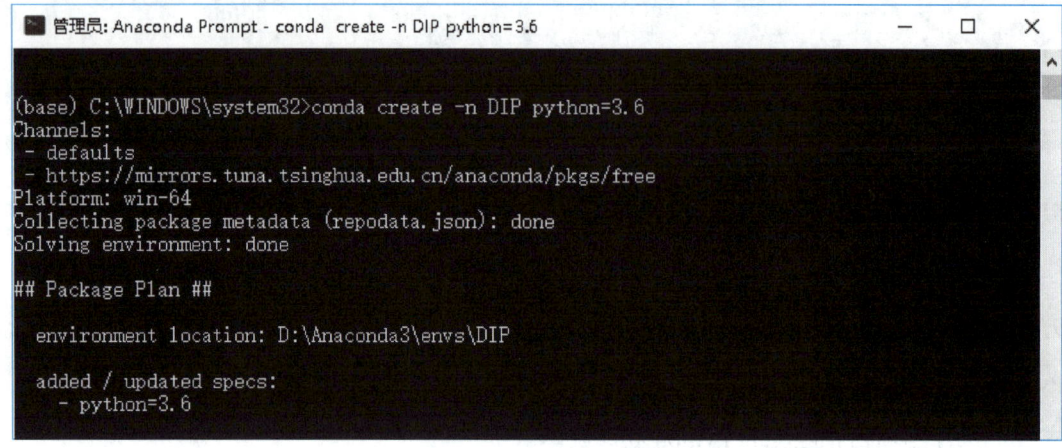

图 1-5　创建虚拟环境

使用以下命令切换到 DIP 环境，如图 1-6 所示。

```
activate DIP
```

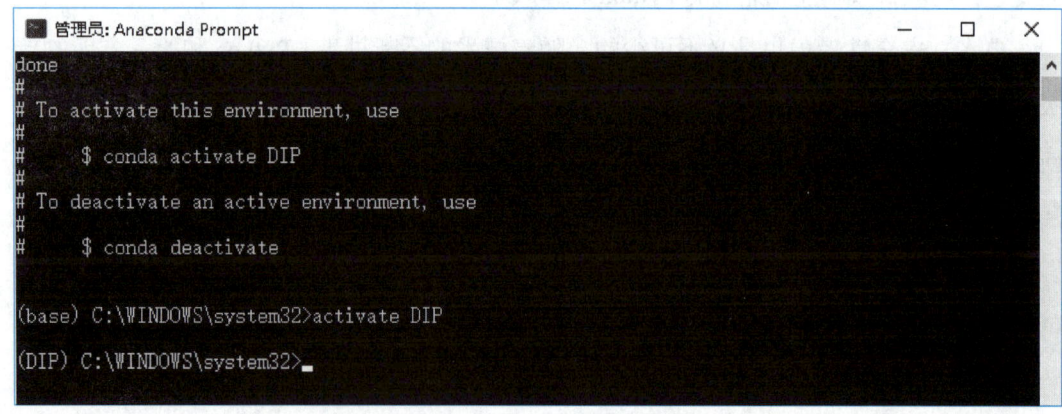

图 1-6　切换到 DIP 环境

使用以下命令安装 OpenCV：

```
conda install opencv==4.10
```

给新创建的环境安装 Spyder，使用以下命令：

```
conda install spyder=5.5.1
```

若 Spyder 运行有问题，安装新版本 Matplotlib：

```
conda install matplotlib=3.3.4
```

（2）界面模式

在"开始"菜单找到 Anaconda3 目录下的 Anaconda Navigator，如图 1-7 所示，右击，在"更多"中选择"以管理员身份运行"。

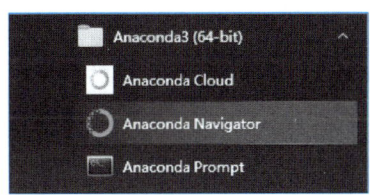

打开 Navigator 后，在 Environment 中找到 Create 按钮，如图 1-8 所示，单击创建新的环境，Name 为 DIP，Python 版本选择 3.9，如图 1-9 所示。

图 1-7　Anaconda Navigator 启动

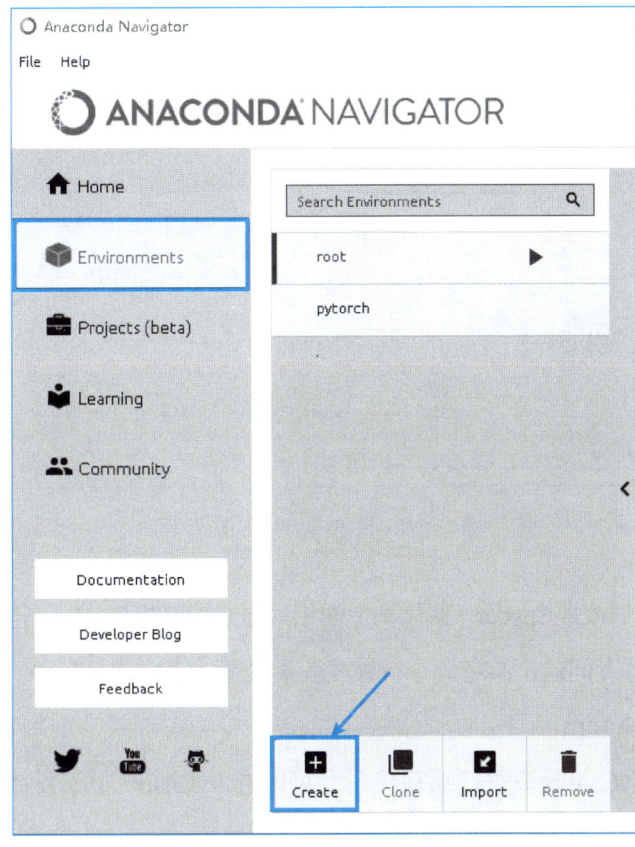

图 1-8　创建新环境

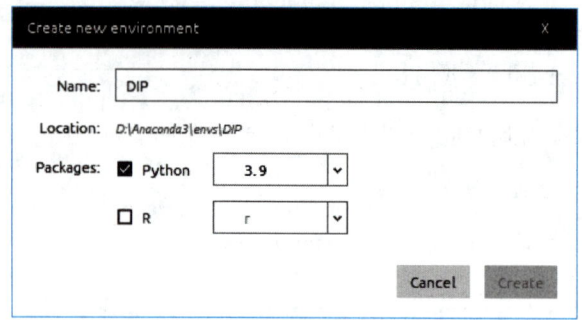

图 1-9　创建新环境 DIP

创建完成后，切换到新建的 DIP 环境，在右上方的下拉菜单中选择 All，在搜索框中输入 OpenCV 进行搜索，在搜索结果中选中 OpenCV，在选中的 OpenCV 前面的箭头上右击，会弹出版本选择的界面，我们选择 4.10.0 版本，然后单击右下角的 Apply 按钮，如图 1-10 所示，在弹出的窗口中再次单击 Apply 按钮，开始安装 OpenCV4.10.0 版本。

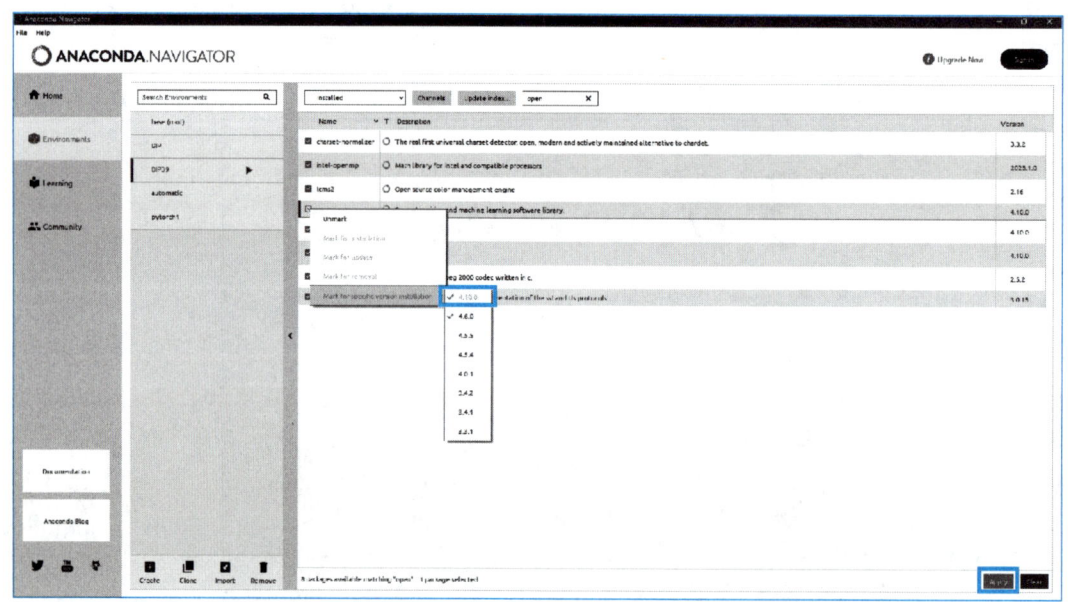

图 1-10　搜索 OpenCV 并安装

最后使用搜索框搜索 Spyder，使用和上面相同的方法安装 Spyder，选择 5.5.1 版本即可。若 Spyder 运行有问题，参考命令行模式安装新版本 Matplotlib。

3. 配置 PyCharm

如果想使用 PyCharm 来进行编写代码，可以在 PyCharm 中配置 Anaconda 的虚拟环境，具体操作如下：

打开 PyCharm，在 File 菜单中选择 Setting 选项，打开配置页面，在该页面中选择 Project: Python 下的 Project Interpreter，点击右侧 Project Interpreter 地址栏的齿轮按钮，选择 Show All，可以打开解释器列表。如图 1-11 和图 1-12 所示。

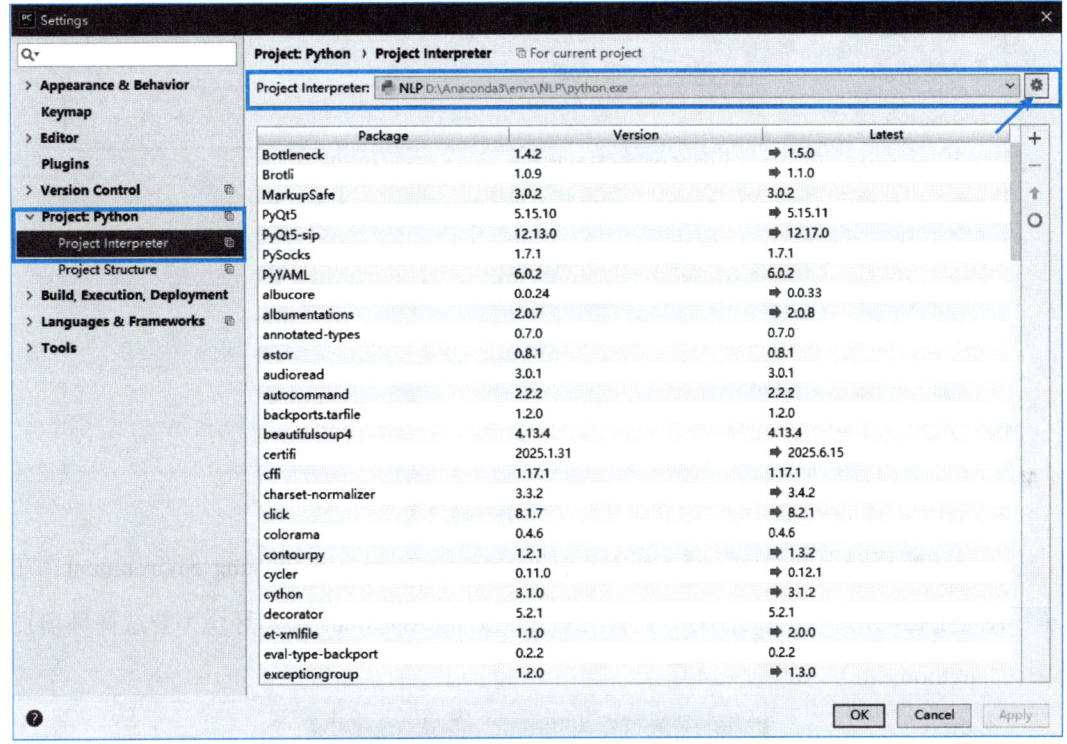

图 1-11　PyCharm 的设置页面

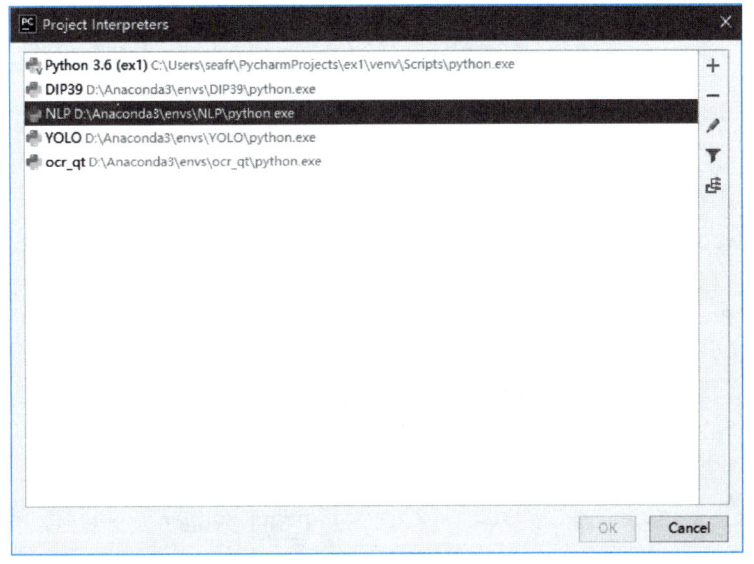

图 1-12　解释器列表

点击解释器列表右侧的加号，打开添加解释器界面，如图 1-13 所示。

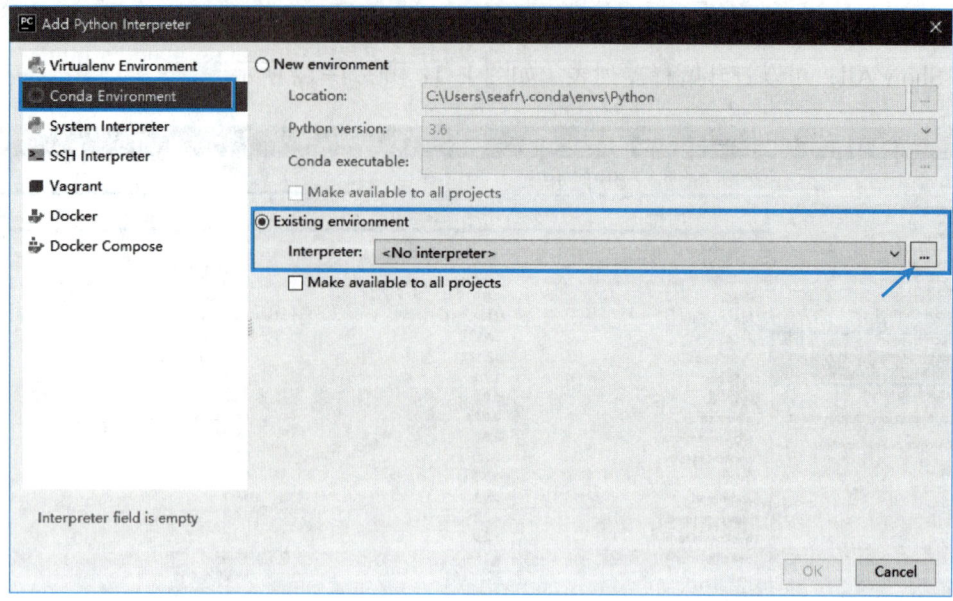

图 1-13　添加解释器界面

在添加解释器界面左侧选择 Conda Environment，右侧选择 Existing environment，在解释器地址栏点击三个点的图标，选择已经配置好的 Anaconda 虚拟环境（要选择环境目录中的 python.exe），如图 1-14 所示。

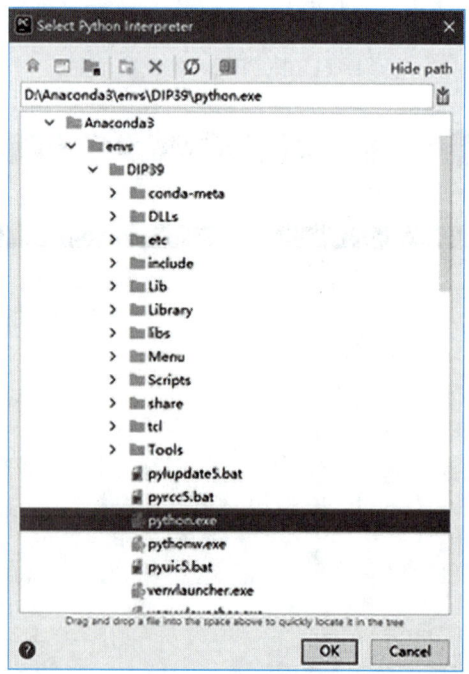

图 1-14　选择解释器

添加完成后，新添加的解释器会出现在解释器列表中，选择该解释器，单击确定就完成了配置，可以在 PyCharm 中使用 Anaconda 配置好的虚拟环境进行编写代码。

第 2 章　数据获取

在当今数字化时代，数据已成为推动技术进步和商业决策的关键资源。数据获取是数据采集的首要步骤，它涉及从各种来源收集原始数据，以便进行后续的处理、分析和应用。在 Python 高级编程中，掌握数据获取技术是至关重要的，它为后续的复杂任务提供了基础支持。

2.1　数据采集

数据采集是数据获取的核心环节，它决定了后续数据处理和分析的质量。只有准确、高效地采集到高质量的数据，才能为后续的分析和决策提供坚实的基础。数据采集的质量和效率直接影响到整个数据处理流程的成败。如果数据采集环节出现问题，例如数据不准确、不完整或存在噪声，那么后续的数据处理和分析工作将变得困难重重，甚至可能导致错误的结论和决策。因此，数据采集是整个数据处理流程中至关重要的一环。

2.1.1　数据源

数据采集的来源多种多样，以下是一些常见的数据来源。

1. 网络数据

网络数据是当今最丰富的数据来源之一。通过网络爬虫，可以从网站、API 接口等获取数据。例如，从新闻网站抓取新闻内容、从社交媒体平台获取用户数据等。网络数据采集的关键在于理解目标网站的结构和数据格式，并遵守相关法律法规和网站的使用条款。

2. 文件数据

文件数据是另一种常见的数据来源。文件可以存储在本地或远程服务器上，常见的文件格式包括文本文件、CSV 文件、Excel 文件等。Python 提供了多种工具和库来读取和处理这些文件，例如其内置的 open( ) 函数和强大的 pandas 库。

3. 数据库数据

数据库是存储结构化或非结构化数据的重要工具。通过连接数据库，可以高效地获取和管理数据。常见的数据库包括关系型数据库（如 MySQL、PostgreSQL）和非关系型数据库（如 MongoDB）。Python 提供了多种数据库接口库，如 sqlite3 等，用于与这些数据库进行交互。

4. 传感器数据

传感器是获取实时数据的重要设备，广泛应用于物联网、工业自动化等领域。常见的传感器包括温度传感器、湿度传感器、摄像头等。通过与传感器设备连接，可以实时采集数据。Python 提供了多种库来支持传感器数据的采集，例如，PySerial 用于与串行端口设备通信，OpenCV 用于图像和视频处理。

5. 用户输入数据

用户输入数据是通过用户交互界面获取的数据。用户可以通过命令行、图形界面等方式输入数据。Python 提供了多种方式来获取用户输入，例如 input( ) 函数用于命令行输入，tkinter 库用于创建图形用户界面。

2.1.2　Python 相关库介绍

Python 作为一门功能强大的编程语言，提供了丰富的第三方库来支持数据采集功能。这些库覆盖了从网络数据采集、文件数据读取到硬件设备数据获取等多种场景。

在本小节重点介绍 opencv（open source computer vision library），它是一个开源的计算机视觉和机器学习软件库，表 2-1 列举出了常用的方法，表 2-2 列举出了常用的属性。

表 2-1　OpenCV 常用方法表

方法	主要参数及含义	功能
cv2.VideoCapture（source）	source：摄像头设备的索引号或视频文件路径	打开摄像头设备或视频文件
cv2.VideoCapture.isOpened()	没有参数	检查摄像头是否成功打开

方法	主要参数及含义	功能
cv2.VideoCapture.set（propId, value）	propId：视频属性标识符。 value：设置的属性值	设置视频捕获属性
cv2.VideoCapture.read()	无参数	从摄像头读取一帧图像
cv2.cvtColor（frame, code）	frame：要转换颜色空间的图像。 code：颜色空间转换代码	转换图像的颜色空间
cv2.imshow（wname, img）	wname：显示图像的窗口名称。 img：要显示的图像	显示图像
cv2.waitKey（delay）	delay：等待时间（毫秒）	等待键盘输入，返回按键的 ASCII
cv2.destroyAllWindows()	没有参数	关闭所有 OpenCV 创建的窗口
cv2.VideoCapture.release()	无参数	释放视频资源

表 2-2　OpenCV 常用属性表

属性	主要参数及含义	功能
cv2.CAP_PROP_FRAME_WIDTH	无参数，用于指定视频属性标识符	视频属性标识符，用于设置或获取视频的帧宽度
cv2.CAP_PROP_FRAME_HEIGHT	无参数，用于指定视频属性标识符	视频属性标识符，用于设置或获取视频的帧高度
cv2.CAP_PROP_FPS	无参数，用于指定视频属性标识符	视频属性标识符，用于设置或获取视频的帧率
cv2.COLOR_BGR2RGB	无参数，用于指定颜色空间转换代码	颜色空间转换代码，用于将 BGR 图像转换为 RGB 图像

opencv 广泛应用于图像处理、视频分析、特征提取、机器学习等多个领域，其主要功能和应用信息如下。

1. 图像处理

opencv 提供了丰富的图像处理功能，包括滤波、边缘检测、角点检测、色彩转换、形态学操作等。这些功能可以帮助开发者对图像进行预处理和分析，例如通过滤波去除噪声、通过边缘检测提取图像轮廓。

2. 视频分析

opencv 支持视频的读取、写入和处理，能够实现运动检测、目标跟踪等功能。例如，通过背景减除器可以检测视频中的移动对象。

3. 特征提取与匹配

opencv 集成了多种强大的特征提取算法，如 SIFT、SURF 和 ORB 等，可用于图像匹配、三维重建等应用。这些算法能够识别图像中的关键特征点，并通过匹配算法实现图像之间的对齐。

4. 机器学习

opencv 集成了多种机器学习算法，如支持向量机（SVM）、决策树和神经网络等，可用于图像分类、目标识别等任务。这些算法使得 opencv 不仅局限于传统的图像处理，还能应用于更复杂的计算机视觉任务。

5. 计算摄影学

opencv 支持图像的增强、融合、超分辨率重建等操作，可用于提高图像质量和视觉效果。

6. 三维重建与增强现实

opencv 提供了三维重建的算法和工具，可用于从图像或视频中重建三维场景，以及实现增强现实应用。Python 提供了丰富的库和工具来支持数据采集。

2.1.3　案例：连接摄像头

为了更好地理解数据采集的实际应用，本节通过一个具体的案例来展示如何使用 Python 和 opencv 库连接摄像头，并实现简单的图像采集和显示功能。摄像头是一种常见的传感器设备，广泛应用于图像采集、视频监控、人脸识别等领域。

为了便于编写程序，本节以 Spyder 作为开发工具来编写、调试和运行程序。本节代码在以下环境运行成功：Python = 3.9，opencv = 4.11。

1. 安装 opencv

首次使用 opencv 框架，需要先安装 opencv 库。可以在 Anaconda Prompt 通过以下命令安装：

激活对应环境，以 DIP 为例：

```
activate DIP
```

使用以下命令安装 opencv：

```
conda install opencv-python
```

如果需要使用 opencv 的 GPU 加速等功能，可以通过以下命令安装：

```
conda install opencv-contrib-python
```

2. 连接摄像头并采集图像

以下是一个简单的示例代码，展示如何连接笔记本电脑的摄像头，并完成采集图像的功能。

（1）导入所需的库

```
import cv2  # opencv 库，用于视频捕获和图像处理
import logging  # 日志模块，用于记录程序运行信息
from datetime import datetime  # 用于获取当前时间，记录日志时间戳
```

（2）定义摄像头视频捕获类

```
# 定义一个类，用于摄像头视频捕获
class CameraCapture:
    # 构造函数，初始化摄像头
    def __init__(self, source=0, resolution=(1280, 720)):
        # 初始化摄像头，source 参数指定摄像头设备的索引，默认为 0
        self.cap = cv2.VideoCapture(source)
        # 检查摄像头是否成功打开
        if not self.cap.isOpened():
            # 如果摄像头无法打开，抛出 IOError 异常
            raise IOError(" 无法连接摄像头设备 ")
        # 设置视频参数
        # 设置摄像头的帧宽度
        self.cap.set(cv2.CAP_pROP_FRAME_WIDTH, resolution[0])
        # 设置摄像头的帧高度
        self.cap.set(cv2.CAP_pROP_FRAME_HEIGHT, resolution[1])
        # 设置摄像头的帧率
        self.cap.set(cv2.CAP_pROP_FPS, 30)
```

```python
        # 记录摄像头初始化成功的日志信息，包含当前时间戳
        logging.info(f" 摄像头初始化成功 {datetime.now().isoformat()}")
    # 方法：实时捕获视频流
    def stream_capture(self, show_preview=True, save_path=None):
        try:
            # 循环读取视频帧
            while True:
                # 从摄像头读取一帧图像
                ret, frame = self.cap.read()
                # 如果读取失败，抛出 RuntimeError 异常
                if not ret:
                    raise RuntimeError(" 视频帧读取失败 ")
                # 将 BGR 图像转换为 RGB 色彩空间
                rgb_frame = cv2.cvtColor(frame, cv2.COLOR_BGR2RGB)
                # 如果需要显示预览窗口
                if show_preview:
                    # 显示视频帧
                    cv2.imshow('Live Preview', frame)
                # 如果指定了保存路径
                if save_path:
                    # 调用私有方法保存帧
                    self._save_frame(rgb_frame)
                # 按下 'q' 键退出循环
                if cv2.waitKey(1) & 0xFF == ord('q'):
                    break
        finally:
            # 释放摄像头资源
            self.release()
            # 关闭所有 OpenCV 窗口
```

```
                    cv2.destroyAllWindows()
    # 私有方法：保存帧
    def _save_frame(self, frame):
        # 实现帧保存逻辑（此处未实现具体保存逻辑）
        pass
    # 方法：释放摄像头资源
    def release(self):
        # 检查摄像头是否打开
        if self.cap.isOpened():
            # 释放摄像头资源
            self.cap.release()
            # 记录摄像头资源释放的日志信息
            logging.info("摄像头资源已释放")
```

（3）编写主程序

```
if __name__ == "__main__":
    # 配置日志模块，设置日志级别为 INFO
    logging.basicConfig(level=logging.INFO)
    # 创建 CameraCapture 对象，初始化摄像头
    camera = CameraCapture()
    # 调用 stream_capture 方法，开始捕获视频流
    camera.stream_capture()
```

3. 运行程序

在 Spyder 下，运行程序，在控制台中输出"INFO：root：摄像头初始化成功"，打开笔记本电脑的摄像头，在视频窗口中显示摄像头采集到的信息，如图 2-1 所示。

在视频窗口中，按下键盘上的 Q 键，程序将自动关闭窗口。

4. 程序说明

通过这段代码，用户可以轻松地连接摄像头，捕获视频流，并进行实时预览。如果需要，还可以扩展代码以保存视频帧。

图 2-1　视频采集窗口

通过本节的学习，读者将掌握数据采集的基本概念和方法，并通过连接摄像头的案例，了解如何使用 Python 和 opencv 实现图像和视频数据的采集，这为后续章节中更复杂的编程任务奠定了基础。

2.2　数据爬取

数据爬取（web scraping）是一种从互联网上自动收集信息的技术。通过编写爬虫程序，可以从网站中提取有用的数据，并将其保存为结构化的格式，以便进一步分析和处理。本节将详细介绍网络爬虫的基本概念、相关的工具与库，以及一个具体的案例——爬取水果图片。

2.2.1 网络爬虫

网络爬虫（web crawler）是一种自动化的程序，用于在互联网上浏览网页并提取数据。爬虫程序通常从一个或多个起始页面开始，通过解析网页内容，提取所需的数据，并根据链接继续访问其他页面，从而实现大规模的数据采集。

1. 爬虫的工作原理

爬虫的工作原理可以分为以下几个步骤。

（1）请求网页：爬虫向目标网站发送 HTTP 请求，获取网页的 HTML 内容。

（2）解析网页：通过解析 HTML 内容，提取网页中的数据和链接。

（3）数据提取：根据预定义的规则，提取网页中的有用数据。

（4）存储数据：将提取的数据保存到本地文件或数据库中。

（5）链接跟踪：根据提取的链接，继续访问其他页面，重复上述过程。

2. 爬虫的类型

爬虫可以根据其功能和复杂程度分为以下几种类型。

（1）通用爬虫：用于大规模采集网页内容，通常用于搜索引擎的索引构建。

（2）聚焦爬虫：专注于特定领域的数据采集，例如新闻网站、电子商务网站等。

（3）增量式爬虫：定期更新已采集的数据，适用于动态内容的采集。

（4）分布式爬虫：通过分布式架构提高爬取效率，适用于大规模数据采集。

2.2.2 工具与库介绍

通过网络爬虫，可以获取丰富的信息资源，包括网页内容、API 数据以及各类在线数据。为了高效地完成网络数据采集任务，开发者通常会借助一些功能强大的工具和库。Python 提供了丰富的库和工具来支持数据爬取。以下将介绍三个常用的网络采集包：requests、beautifulsoup、scrapy。

1. requests

requests 是一个简单易用的 Python 库，专门用于发送 HTTP 请求，获取网页内容或与 RESTful API 进行交互。它支持多种请求方法（如 GET、POST、PUT、DELETE 等），并且可以灵活设置请求参数，如 URL 参数、请求头、Cookies 等。requests 的语法简洁明了，开发者能够快速上手并高效地完成网络请求任务。

requests 有很多方法和属性，表 2-3 中列出部分常用的方法，表 2-4 中列出部分常用的属性。

表 2-3　requests 常用方法表

方法	主要参数及含义	功能
requests.get(url, params= None, **kwargs)	url：目标 URL。params：查询参数，字典或字节序列。kwargs：其他可选参数	发送 HTTP GET 请求，获取网页内容
requests.post(url, data=None, json=None, **kwargs)	url：目标 URL。data：要发送的数据，字典或字节序列。json：要发送的 JSON 数据。kwargs：其他可选参数	发送 HTTP POST 请求，提交数据到服务器
requests.request(method, url, **kwargs)	method：请求方法。url：目标 URL。kwargs：其他可选参数	发送任意类型的 HTTP 请求
requests.put(url, data= None, **kwargs)	url：目标 URL。data：要发送的数据，字典或字节序列。kwargs：其他可选参数	发送 HTTP PUT 请求，更新资源
requests.delete(url, **kwargs)	url：目标 URL。kwargs：其他可选参数	发送 HTTP DELETE 请求，删除资源

表 2-4　Requests 常用属性表

属性	含义	功能
response.status_code	HTTP 响应状态码（如 200、404 等）	获取 HTTP 响应状态码
response.headers	响应头，返回一个字典	获取响应头，包含服务器类型、内容类型等信息
response.text	响应内容的文本格式	获取响应内容的文本格式，适用于 HTML 或 JSON 等文本内容
response.content	响应内容的字节格式	获取响应内容的字节格式，适用于图片、文件等二进制内容
response.json()	将响应内容解析为 JSON 对象	将 JSON 格式的响应内容解析为 Python 字典或列表

2. beautifulsoup

beautifulsoup 是一个用于解析 HTML 和 XML 文档的强大工具。它能够帮助开发者从复杂的网页结构中提取所需的数据，如标签、属性和文本内容。beautifulsoup 提供了多种解析器（如 html.parser、lxml 等），可以根据需求选择合适的解析器以提高解析效率。

beautifulsoup 是一个用于解析 HTML 和 XML 文档的库，提供了强大的解析功能，可以轻松地提取网页中的数据。

beautifulsoup 有很多方法和属性，表 2-5 中列出部分常用的方法，表 2-6 中列出部分常用的属性。

表 2-5　beautifulsoup 部分常用方法表

方法	主要参数及含义	功能
find(name, attrs, recursive, string, **kwargs)	name：标签名。attrs：属性字典。recursive：是否递归查找。string：筛选标签内的文本内容。kwargs：其他筛选条件	查找第一个符合条件的标签
find_all(name, attrs, recursive, string, limit, **kwargs)	name：标签名。attrs：属性字典，用于筛选标签。recursive：是否递归查找。string：筛选标签内的文本内容。limit：限制返回的最大数量。kwargs：其他筛选条件	查找所有符合条件的标签，返回一个列表
select(selector, **kwargs)	selector：CSS 选择器，用于筛选标签	使用 CSS 选择器查找标签，返回一个列表
get_text(separator='', strip=False)	separator：分隔符，用于分隔多个文本内容。strip：是否去除空白字符	提取标签及其子标签内的所有文本内容
find_next_sibling(name, attrs, **kwargs)	name：标签名。attrs：属性字典，用于筛选标签	查找当前标签的下一个兄弟标签

表 2-6　beautifulsoup 部分常用属性表

属性	含义	功能
name	标签的名称	获取或设置标签的名称
attrs	标签的属性字典	获取或设置标签的属性，返回一个字典
string	标签内的文本内容	获取标签内的直接文本内容，如果标签有子标签则返回 None
text	标签及其子标签内的所有文本内容	提取标签及其子标签内的所有文本内容，返回字符串
get(attribute, default=None)	attribute：要获取的属性名。default：属性不存在时的默认值	获取标签的某个属性值，如果属性不存在则返回默认值

3. scrapy

scrapy 是一个功能强大的开源网络爬虫框架，专为大规模数据采集而设计。它提供了完整的一套爬虫开发流程，包括请求发送、数据解析、数据存储以及错误处理等。scrapy 支持异步处理，能够高效地处理大量请求，从而提高数据采集的速度和效率。

以下程序片段是 scrapy 最基本的使用方法。

```python
import scrapy
class ExampleSpider(scrapy.Spider):
    name = 'example'
    start_urls = ['https://example.com']
    def parse(self, response):
        title = response.css('h1::text').get()
        yield {'title': title}
```

首次使用 requests、beautifulsoup、scrapy，需要先安装相应的库。可以在 Anaconda Prompt 通过以下命令安装：

requests 库

```
conda install requests
```

beautifulsoup 库

```
conda install beautifulsoup4
```

scrapy 库

```
conda install scrapy
```

2.2.3　案例：爬取水果图片

为了更好地理解数据爬取的实际应用，我们通过一个具体的案例来展示如何使用 Python 和相关库爬取水果图片。本节将使用 requests 和 beautifulsoup 库从一个示例网站中爬取水果图片。本节代码在以下环境测试通过：Python = 3.9，beautifulsoup = 4.12.3。

1. 创建水果网站

假设我们要爬取的网站是一个水果图片库，其网页结构如下：

```
<html>
<body>
    <div class="fruit-gallery">
        <img src="./images/apple.jpg" alt="Apple">
        <img src="./images/banana.jpg" alt="Banana">
        <img src="./images/orange.jpg" alt="Orange">
    </div>
</body>
</html>
```

在本小节中，假设在计算机 D 盘上存在一个水果网站，里面保存有一个 fruit-gallery.html，以及相关的水果图片，水果网站的目录结构如图 2-2 所示。

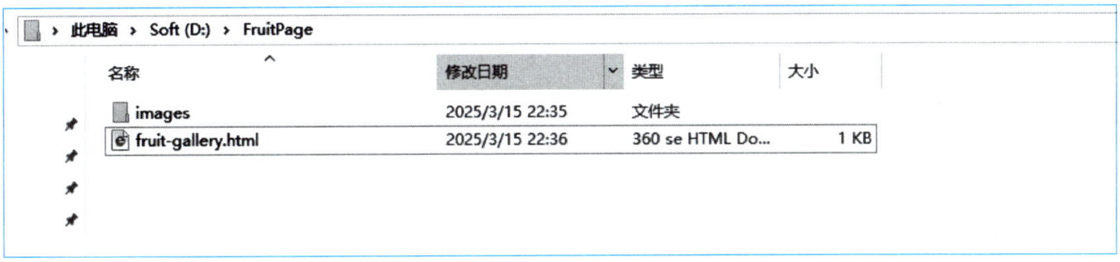

图 2-2　水果网站目录结构图

图片文件位于 D:/FruitPage/images/ 目录下，运行下面的代码后，图片将被保存到 D:/fruit_images/ 目录中。

2. 安装 beautifulsoup

首次使用 beautifulsoup 库需要进行安装，在 Anaconda Prompt 中运行以下命令来安装 beautifulsoup（确保已经使用 activate 命令切换至正确的环境）：

```
conda install beautifulsoup4
```

3. 编写爬虫程序

在 Spyder 下，创建一个名为 spider.py 的文件，以下是一个完整的爬虫代码示例。

（1）导入所需的库

```
import os
from bs4 import BeautifulSoup
```

（2）定义网站地址

```
# 目标本地 HTML 文件路径
file_path = 'D:/FruitPage/fruit-gallery.html'
# 读取本地 HTML 文件内容
try:
    with open(file_path, 'r', encoding='utf-8') as file:
        html_content = file.read()
except FileNotFoundError:
    print(f" 文件未找到：{file_path}")
    exit()
except Exception as e:
    print(f" 读取文件时出错：{e}")
    exit()
```

（3）解析、爬取、下载图片

```
# 解析网页内容
soup = BeautifulSoup(html_content, 'html.parser')
# 创建保存图片的目录
output_folder = 'D:/fruit_images'
if not os.path.exists(output_folder):
    os.makedirs(output_folder)
# 提取所有图片的 URL
for img in soup.find_all('img'):
    img_url = img.get('src')
    if img_url:
        # 如果图片 URL 是相对路径，需要拼接完整的本地路径
        if not img_url.startswith("http"):
            # 假设图片与 HTML 文件在同一目录下
            base_path = os.path.dirname(file_path)
            full_img_path = os.path.join(base_path, img_url)
```

```
    else:
        full_img_path = img_url
# 检查图片路径是否存在
if os.path.exists(full_img_path):
        # 提取图片文件名
        img_name = os.path.basename(img_url)
        # 保存图片到本地
        with open(full_img_path, 'rb') as f:
            img_data = f.read()
        with open(os.path.join(output_folder, img_name), 'wb') as f:
            f.write(img_data)
        print(f" 图片 {img_name} 已保存 ")
    else:
        print(f" 图片路径不存在：{full_img_path}")
```

4. 运行程序

在 Spyder 下，运行程序，爬取结果提示如图 2-3 所示。

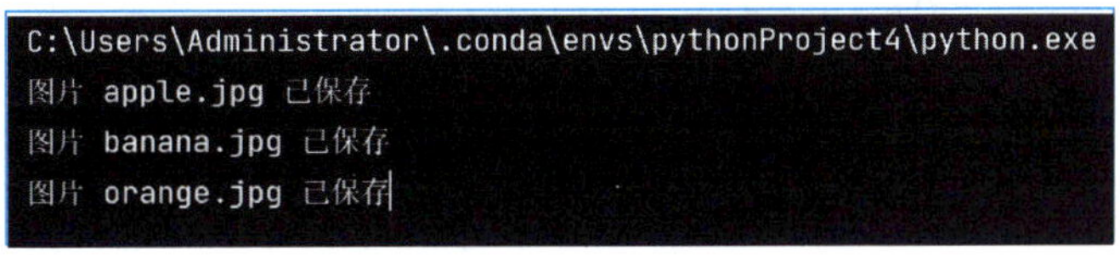

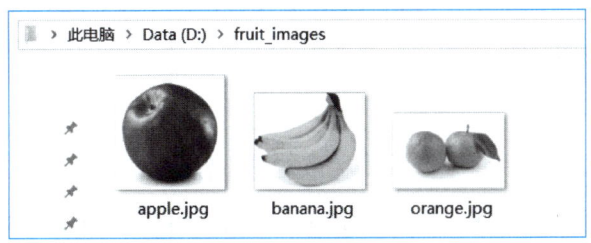

图 2-3　爬取结果提示图

程序最终将爬取的水果图片保存到 D:\fruit_images，如图 2-4 所示。

图 2-4　爬取的图片

5. 代码解析

（1）读取本地 HTML 文件

使用 open( ) 函数读取本地 HTML 文件的内容，主要代码如下：

```
with open(file_path, 'r', encoding='utf-8') as file:
html_content = file.read()
```

（2）解析 HTML 内容

使用 beautifulsoup 解析 HTML 内容，提取所有 <img> 标签，主要代码如下：

```
soup = BeautifulSoup(html_content, 'html.parser')
```

（3）处理图片路径

如果图片的 src 是相对路径，假设图片与 HTML 文件在同一目录下，拼接完整的本地路径。

如果图片的 src 是完整路径（http 或 https），直接使用该路径。

（4）保存图片

检查图片路径是否存在。如果路径存在，读取图片内容并保存到指定的输出文件夹中。主要代码如下：

```
with open(full_img_path, 'rb') as f:
    img_data = f.read()
with open(os.path.join(output_folder, img_name), 'wb') as f:
    f.write(img_data)
```

6. 注意事项

（1）合法性：在爬取数据时，必须遵守目标网站的使用条款和法律法规，避免侵犯版权或隐私。

（2）效率：合理设计爬虫的请求频率，避免对目标服务器造成过大压力。

（3）错误处理：在实际应用中，需要添加适当的错误处理机制，以应对网络请求失败、网页结构变化等情况。

通过本节的学习，读者将掌握数据爬取的基本概念和方法，并通过爬取水果图片的案例，了解如何使用 Python 和相关库实现网络数据的采集，这为后续章节中更复杂的编程任务奠定了基础。

2.3 开源数据集

开源数据集是指那些可以公开访问和使用的数据集合，它们通常由研究机构、企业或社区组织提供，用于支持研究、开发和教育活动。开源数据集在数据科学、机器学习和人工智能等领域中扮演着重要角色，为开发者提供了丰富的实验材料。

2.3.1 开源数据集概述

在数据科学与机器学习领域，开源数据集是非常重要的资源。这些数据集凝聚着专业人员的心血，经过细致的整理与精准的标注，广泛覆盖图像识别、自然语言处理、时间序列分析等众多领域及应用场景。借助开源数据集，研究人员和开发者得以大幅缩短数据采集与预处理的周期，从而能够将更多精力投入算法创新以及模型训练之中，加速项目的推进与技术突破。

1. 开源数据集的显著特性

（1）公开易获取：它们大多可在互联网上免费获取，极大地降低了数据使用门槛，使得不同背景的使用者都能便捷地获取所需数据。

（2）类型丰富多样：内容涵盖图像、文本、音频、视频等多种数据形式，能够满足多样化的研究与开发需求，为跨领域创新提供数据支撑。

（3）品质卓越：数据普遍经历严格的清洗与标注流程，质量可靠，非常契合研究与开发工作对数据精准度和可用性的高要求。

（4）强大的社区支持：众多开源数据集由活跃的社区精心维护，不仅提供详尽的文档资料，还配有全面的使用指南，助力使用者快速上手，解决使用过程中遇到的问题。

2. 开源数据集的来源

（1）学术机构：例如各大高校和专业研究实验室，凭借深厚的学术底蕴与专业研究能力，产出大量具有学术价值和科研导向的数据集。

（2）政府机构：如国家统计局、气象局等，依托政府职能积累的海量数据，为社会提供具有权威性、宏观性的数据集，为相关领域研究提供坚实的数据基础。

（3）企业：以谷歌、亚马逊等为代表，凭借在业务运营中积累的丰富数据资源和强大的技术实力，开放其具有行业前瞻性和应用价值的数据集。

（4）社区组织：诸如 Kaggle、GitHub 等，汇聚了全球开发者与数据爱好者的力量。

形成了丰富多元、充满创新活力的数据集资源库，推动数据科学技术的交流与共享。

2.3.2 ImageNet 数据集

ImageNet 数据集是计算机视觉领域中最著名和广泛使用的数据集之一。它包含超过 1 400 万张标注图像，涵盖超过 21 000 个类别。这些图像被广泛用于训练和评估各种计算机视觉模型，尤其是在图像分类和目标检测任务中。在本小节中，我们将介绍如何使用 Python 和深度学习框架 TensorFlow 来加载和预处理 ImageNet 数据集。

1. 数据集组成

ImageNet 数据集是一个大规模的图像数据库，按照 WordNet 的层次结构组织。每个类别都对应一个同义词集合（synset），表示该类别下的所有相关词汇。数据集包含多个版本，其中最常用的是 ILSVRC 版本（imagenet large scale visual recognition challenge），它包含 1 000 个类别和超过 100 万张图像。通常，数据集包含了三个子集，简要描述如下。

（1）训练集：包含 1 000 个类别，总计约 128 万张图像。

（2）验证集：包含 5 万张图像，用于验证模型的性能。

（3）测试集：包含 10 万张图像，用于最终的性能评估。

2. 数据集特点

ImageNet 数据集以其庞大的规模、高质量的标注、作为基准的地位以及广泛的应用场景而闻名于计算机视觉领域。以下是其主要特点的详细描述。

（1）庞大的数据集

ImageNet 是一个包含数百万张图像的庞大数据集，涵盖了极其广泛的物体类别和场景。其丰富的图像资源为深度学习模型的训练提供了坚实的基础，使其成为计算机视觉研究中不可或缺的资源。

（2）高质量的标注

ImageNet 中的每一张图像都经过了精确的人工标注，确保了标签的准确性和类别的清晰定义。这种高质量的标注不仅为模型训练提供了可靠的监督信息，也为研究和开发先进计算机视觉模型奠定了坚实的基础。

（3）一种标准的数据集

作为计算机视觉领域的基准数据集，ImageNet 在推动图像分类技术的进步方面发挥了关键作用。许多著名的深度学习模型，如 AlexNet、ResNet 等，都在 ImageNet 上进行了训练和评估，从而验证了其性能并推动了技术的发展。

（4）广泛的应用场景

ImageNet 的应用场景不仅限于图像分类任务。它还扩展到了目标检测、图像分割和图像生成等多个领域，为计算机视觉研究提供了一个全面且多功能的平台。这种多样化的应用场景使得 ImageNet 成为计算机视觉领域中最具价值的数据集之一。

3. ILSVRC 2012 数据集

ILSVRC 2012（imagenet large scale visual recognition challenge 2012）是 ImageNet 数据集的一个重要子集，专为图像分类任务设计。它包含 1 000 个类别，总计约 120 万张训练图像和 5 万张验证图像。该数据集的构建基于大规模图像分类任务的需求，通过从 ImageNet 数据库中精选出 1 000 个类别，确保每个类别的图像具有高度的代表性和多样性。

4. 与 ImageNet 相关框架

在处理 ImageNet 数据集时，Python 社区提供了多个工具和库，帮助研究者和开发者更高效地加载、处理和训练模型。以下是一些与 ImageNet 相关的框架。

（1）PyTorch

PyTorch 是一个开源的深度学习框架，由 Facebook 开发并维护，广泛应用于学术研究和工业界。它的核心特点是动态计算图，使得模型的构建和调试更加灵活。PyTorch 提供了丰富的工具和库，帮助开发者快速实现各种深度学习算法，尤其是计算机视觉和自然语言处理任务。在图像识别任务中，PyTorch 常常与 ImageNet 数据集一起使用，作为模型训练的标准数据源。

（2）TensorFlow

TensorFlow 是一个由 Google 开发的开源深度学习框架，广泛应用于生产环境中。TensorFlow 提供了静态计算图，优化了计算性能，适用于大规模机器学习应用。与 PyTorch 相比，TensorFlow 在部署和生产环境中的支持更为成熟，但也因此相对较为复杂。TensorFlow 也支持包括图像识别在内的多种深度学习任务，并能够与 ImageNet 数据集一起使用，进行模型训练与评估。

2.3.3　COCO 数据集

COCO 数据集（common objects in context）是一个大规模的目标检测、分割和描述数据集，广泛应用于计算机视觉领域。它由微软研究院于 2014 年开发，旨在为复杂场景中的目标检测、分割和关键点检测等任务提供高质量的标注数据。COCO 数据集不仅推动了目标检测和图像理解技术的发展，还为多种计算机视觉任务提供了统一的数据基础。

1. 数据集组成

COCO 数据集是一个丰富而全面的图像数据集，其主要组成部分包括超过 33 万张图像资源，其中约有 20 万张图像被细致标注；这些标注信息涵盖了 80 个目标类别，涉及超过 150 万个目标实例，并且为每个目标提供了精确的分割掩码；数据集结构清晰，包含 images 文件夹用于存储图像信息，annotations 文件夹记录与图像相关的注释信息如边界框、类别、分割掩膜及关键点等，categories 文件夹定义类别标签，licenses 文件夹说明版权信息，而 info 文件夹则包含了数据集的元信息，为研究人员提供了便捷的数据管理和使用方式。

2. 数据集特点

COCO 数据集具有以下显著特点。

（1）丰富的标注信息：不仅提供了目标的边界框标注，还包含了详细的实例分割掩码和关键点标注。

（2）多目标场景：图像中通常包含多个目标对象，增加了数据集的复杂性和挑战性，更贴近现实场景。

（3）大规模数据：拥有超过 33 万张图像，其中 20 万张是标注过的。

（4）多任务支持：支持多种计算机视觉任务，包括目标检测、分割、关键点检测和图像描述生成。

（5）高质量标注：标注过程由专业人员完成，确保了数据的准确性和一致性。

3. 与 COCO 相关库

在 Python 中处理 COCO 数据集时，pycocotools 是一个非常重要的库，它提供了丰富的工具用于加载、处理和评估 COCO 数据集的标注信息。pycocotools 是一个用于操作 COCO 据集的 Python 工具包。它提供了以下功能。

（1）加载标注文件：可以轻松加载 COCO 数据集的 json 标注文件。

（2）访问标注信息：能够获取图像的边界框、分割掩码、类别标签等信息。

（3）可视化标注：支持将标注信息（如边界框和分割掩码）可视化到图像上。

（4）评估模型性能：提供了评估目标检测和分割模型性能的工具。

2.3.4　案例：ImageNet 数据集应用

为了更好地理解开源数据集的应用，我们通过一个具体的案例来展示如何使用 ImageNet 数据集的具体应用。编写一个简单的 ImageNet 示例程序实际上是一个挑战，因为 ImageNet 本身是一个庞大的数据集，通常用于训练复杂的深度学习模型。但是，为了教学目的，我们可以创建一个非常简化的"学习"程序，它实际上不会训练模型，而是会展示如何使用预训练的模型对 ImageNet 数据集中的图像进行分类。

以下是一个使用 tensorflow 和 keras 的简化 Python 程序，它加载了一个预训练的 MobileNetV2 模型，并对单个图像进行分类。这个程序不会下载整个 ImageNet 数据集，而是会对用户提供的单个图像文件进行分类。本节代码在以下环境测试通过：Python 3.6，tensorflow = 1.11.0，keras = 2.2.4。

1. 安装相关库

在开始之前，需要安装 tensorflow 和相关库。可以通过以下命令安装。

使用以下命令安装 tensorflow。

CPU 版本：

```
conda install tensorflow==1.11
```

GPU 版本：

```
conda install tensorflow-gpu==1.11
```

安装 keras 库：

```
conda install keras=2.2.4
```

2. 编写程序

```
# 导入需要的库
from tensorflow.keras.applications import MobileNetV2
from tensorflow.keras.applications.mobilenet_v2 import preprocess_input, decode_predictions
from tensorflow.keras.preprocessing import image
```

```python
import numpy as np
# 加载预训练的 MobileNetV2 模型
model = MobileNetV2(weights='imagenet')
# 定义分类函数
def classify_image(img_path):
    # 加载并调整图像大小到 MobileNetV2 所需的 224×224 像素
    img = image.load_img(img_path, target_size=(224, 224))
    # 将图像转换为数组
    img_array = image.img_to_array(img)
    # 扩展维度以匹配模型的输入要求（batch_size, height, width, channels）
    img_array = np.expand_dims(img_array, axis=0)
    # 预处理图像（归一化等）
    img_array = preprocess_input(img_array)
    # 使用模型进行预测
    preds = model.predict(img_array)
    # 解码预测结果，获取人类可读的标签
    decoded_preds = decode_predictions(preds, top=3)[0]
    # 打印预测结果
    for i, (imagenet_id, label, score) in enumerate(decoded_preds):
        print(f"{i + 1}. Label: {label}, Score: {score:.2f}")
if __name__ == "__main__":
    # 指定要分类的图像路径
    img_path = 'E:/hamster.jpg'  # 这里以一张仓鼠的图片为例
    # 调用分类函数
    classify_image(img_path)
```

3. 程序运行

在本程序中，我们从网络随机下载一只仓鼠图片来进行预测结果，仓鼠图片如图
2-5 所示。

图 2-5 仓鼠图片

在 Pycharm 下运行程序，控制台中显示出相关的预测结果，其运行结果如图 2-6 所示。

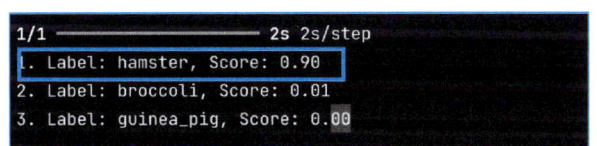

图 2-6 预测结果图

把运行结果翻译为中文，分类结果如下。

标签：仓鼠（hamster），得分：0.90。

标签：西蓝花（broccoli），得分：0.01。

标签：豚鼠（guinea_pig），得分：0.00（这里可能是四舍五入到小数点后两位导致的 0.00，实际得分可能是一个非常小的正数）。

这次分类的得分更加明确，仓鼠的得分非常高（0.90），表明模型高度确信这张图像是一只仓鼠。相比之下，西蓝花和豚鼠的得分非常低，几乎可以忽略不计。

4. 拓展学习

（1）安装 tensorflow。

安装 tensorflow 需要访问境外资源，非常慢。除了使用镜像源外，还可以尝试修改 pip 源。在 Windows 系统中，可以修改 pip 的配置文件来更换源；在 Linux 和 macOS 系统中，可以在终端中使用以下命令来更换源。本案例采用了清华源来下载并安装框架，安装指令如下：

```
pip install-i https://pypi.tuna.****①.edu.cn/simple tensorflow
```

（2）导入 keras 库。

keras 是一个用 Python 编写的高级神经网络 API，它以简洁性、高效性和易用性等特点在深度学习领域广受好评，相关导入库代码如下：

```
from tensorflow.keras.applications import MobileNetV2
from tensorflow.keras.applications.mobilenet_v2 import preprocess_
input, decode_predictions
from tensorflow.keras.preprocessing import image
```

---

① 实际输入命令时，需将"****"替换为"清华"的英文缩写（注：首字母小写）。

3.1　文本标注

3.1.1　Label Studio 安装与简单使用

1. 安装与启动

采用 Anaconda 创建名为 label_sudio 的虚拟环境：

```
conda create -n label_studio python=3.9
```

激活该虚拟环境：

```
conda activate label_studio
```

安装 Label Studio：

```
pip install label-studio
```

启动 Label Studio：

```
label-studio start
```

2. 使用 Label Studio 进行文本标注

激活成功后会出现如下网址：http://0.0.0.0:8080/。并且会自动跳转到 Label Studio 的登录页面，如图 3–1 和图 3–2 所示，第一次使用需要创建账号。

```
(label_studio) C:\Users\dell>label-studio start
=> Database and media directory: C:\Users\dell\AppData\Local\label-studio\label-studio
=> Static URL is set to: /static/
=> Database and media directory: C:\Users\dell\AppData\Local\label-studio\label-studio
=> Static URL is set to: /static/
C:\Users\dell\AppData\Local\label-studio\label-studio\.env not found - if you're not configuring your environment separa
tely, check this.
get 'SECRET_KEY' casted as '<class 'str'>' with default ''
Warning: SECRET_KEY not found in environment variables. Will generate a random key.
Starting new HTTPS connection (1): pypi.org:443
https://pypi.org:443 "GET /pypi/label-studio/json HTTP/1.1" 200 33651
Initializing database..
February 09, 2025 - 19:47:11
Django version 4.2.19, using settings 'label_studio_core.settings.label_studio'
Starting development server at http://0.0.0.0:8080/
Quit the server with CTRL-BREAK.
```

图 3–1　使用 Label Studio 进行文本标注

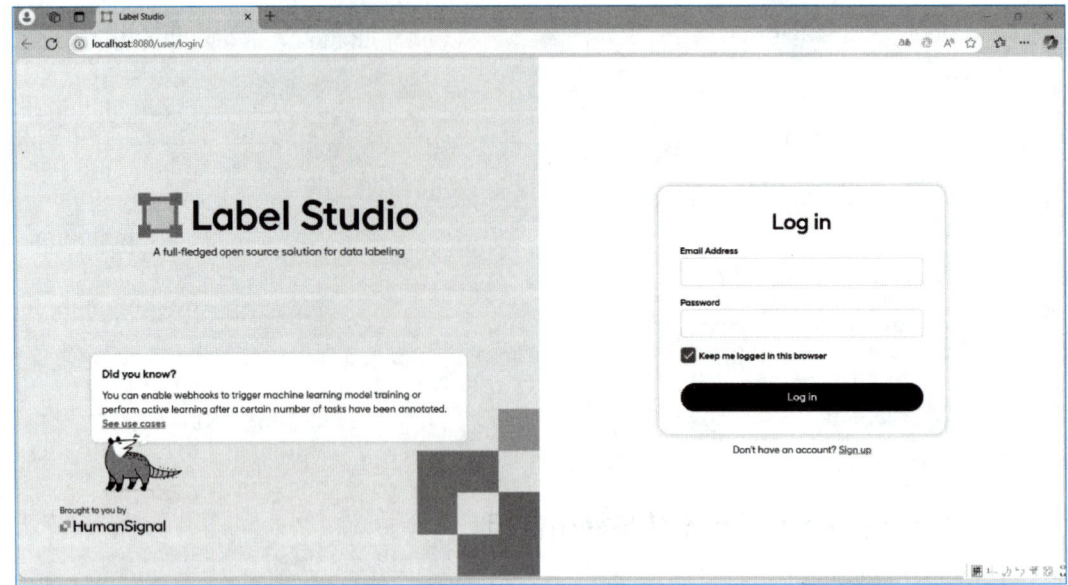

图 3-2　Label Studio 登录页面

注册完账号登录进去，显示如图 3-3 所示的界面，这里显示还没有创建项目。

（1）单击 Create Project 按钮，开始创建第一个项目。

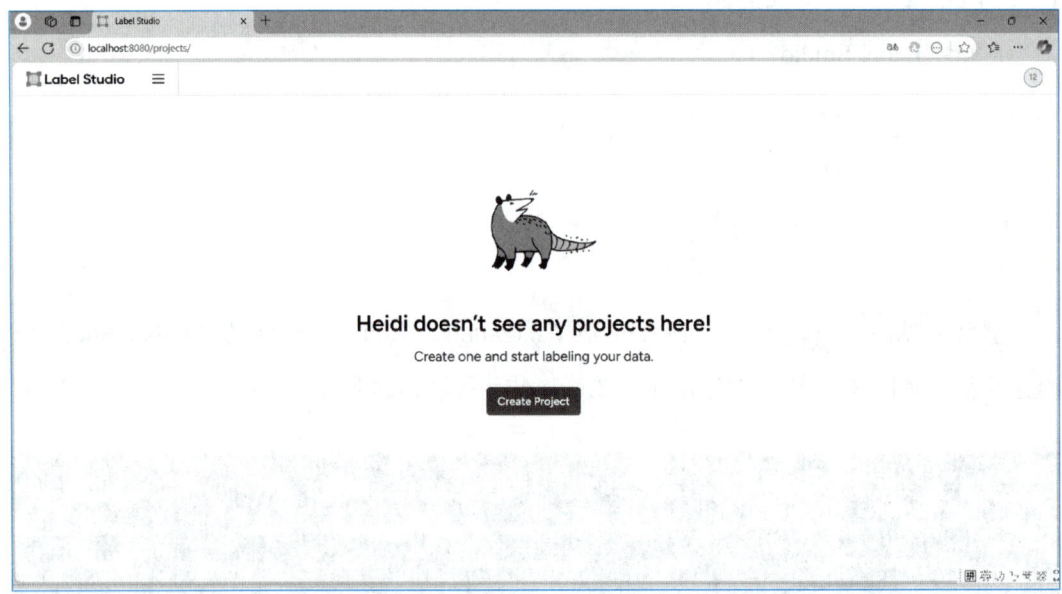

图 3-3　创建第一个项目

（2）弹出的界面如图 3-4 所示，在这里设置项目的名称和对项目的描述。

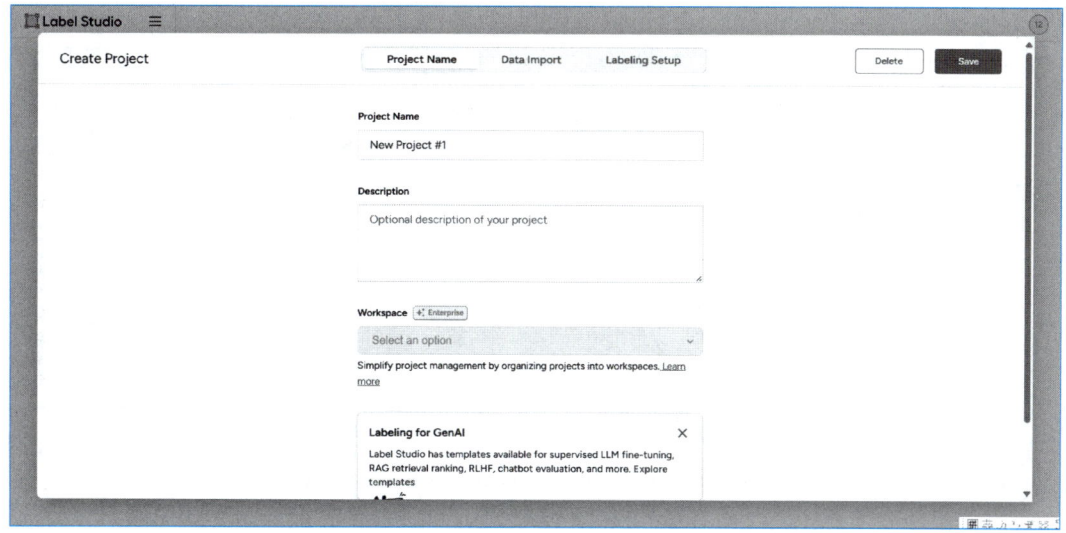

图 3-4　设置项目名称和项目描述

（3）接下来单击右面的 Data import，进入数据导入界面，如图 3-5 所示，单击 Upload Files，从本地上传要标注的文件。

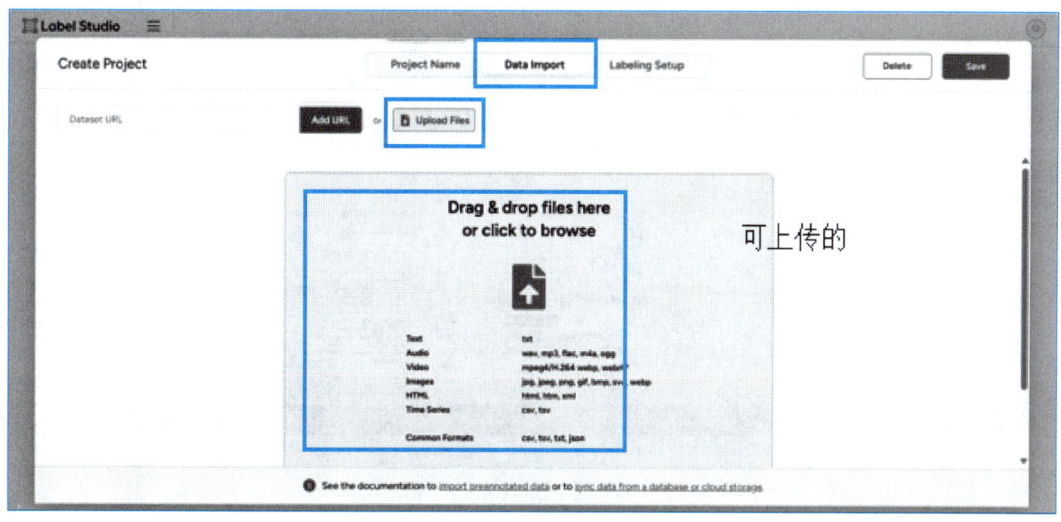

图 3-5　数据导入界面

（4）选择好需要标注的文件后，单击"确定"按钮，会出现如图 3-6 所示的界面。

（5）单击 Labeling Setup，这里显示不同标注对象的不同标注形式，选择 Natural Language Processing 中的命名实体识别形式，如图 3-7 所示。

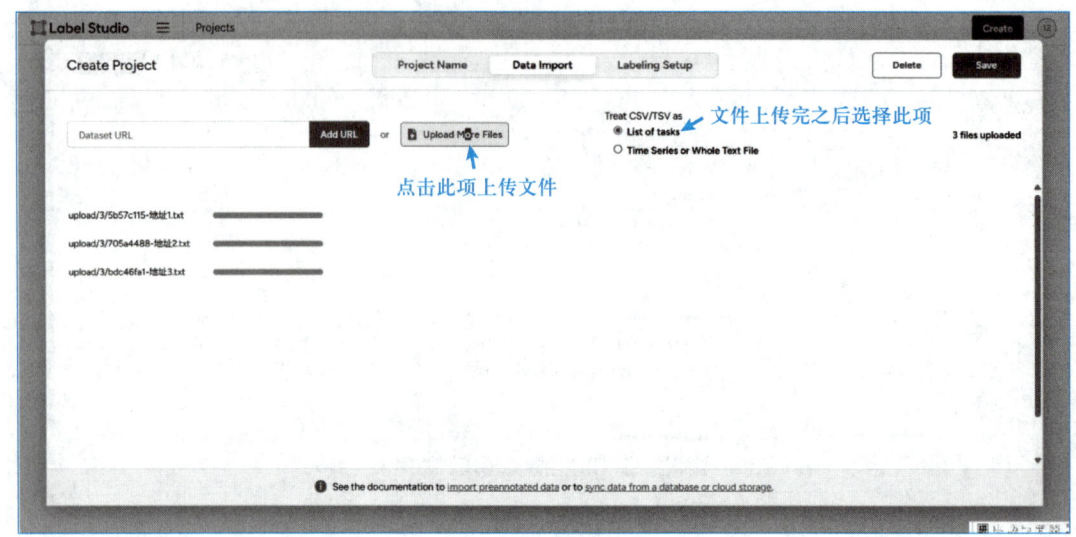

图 3-6　上传要标记的文件

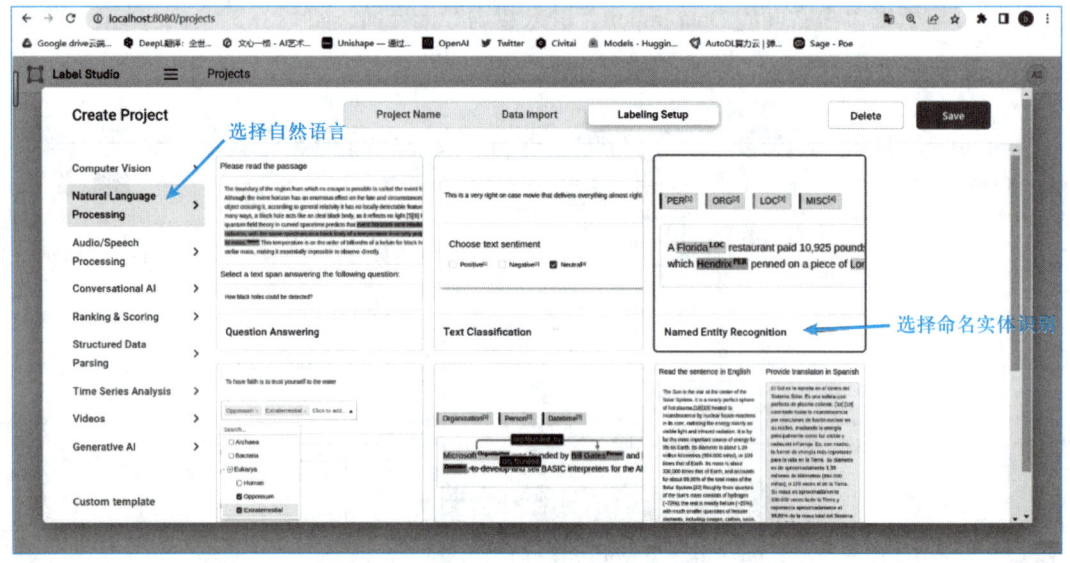

图 3-7　选择标注形式

（6）选择后，跳到如图 3-8 所示界面，在左边的方框中输入标签名称，然后单击 Add 按钮即可添加。

（7）设置好需要的标签之后，单击右上角的 Save 按钮，就可以跳到图 3-9 所示的界面准备开始标注了。单击 Label All Tasks，开始对自己传入的文章进行标注，如图 3-10 所示。

图 3-8　添加标签

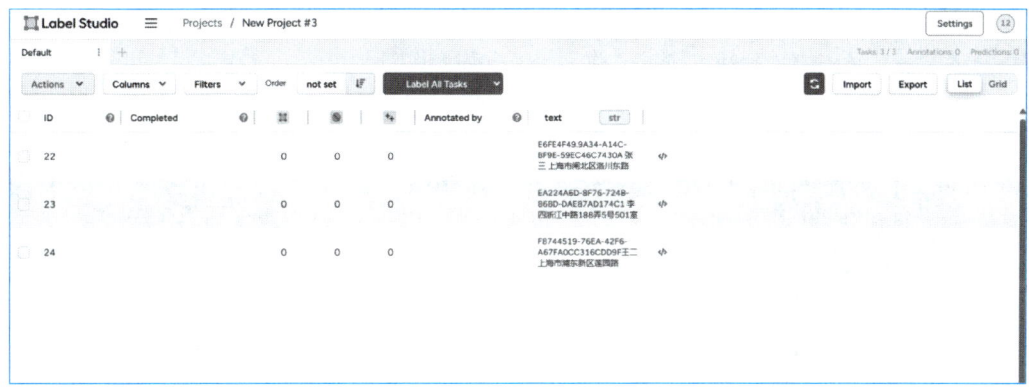

图 3-9　对所有任务进行标注

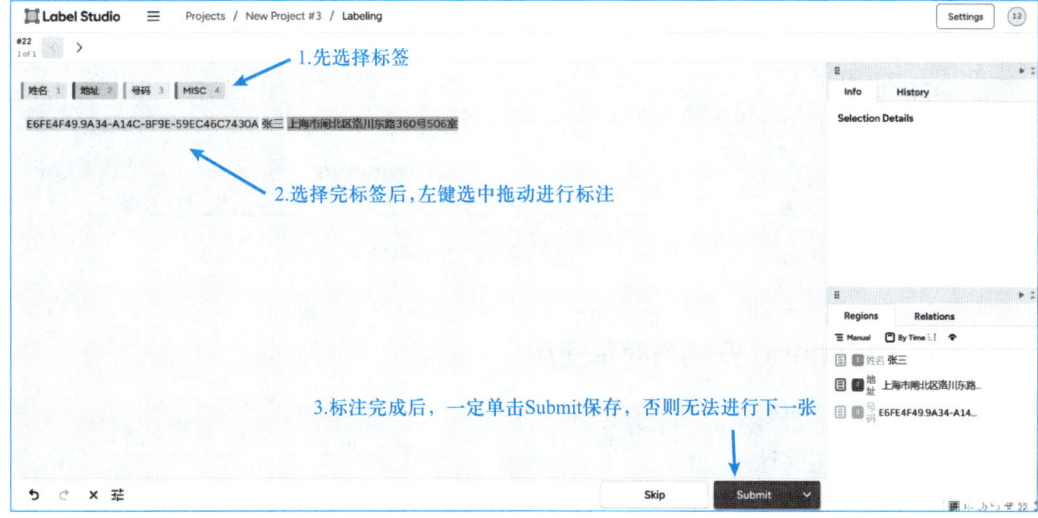

图 3-10　标注过程

（8）全部标注完成后，单击右上角的 Export 按钮导出已标注的数据，这里选择 JSON 格式导出，也可以导出其他的格式，如图 3-11 和图 3-12 所示。

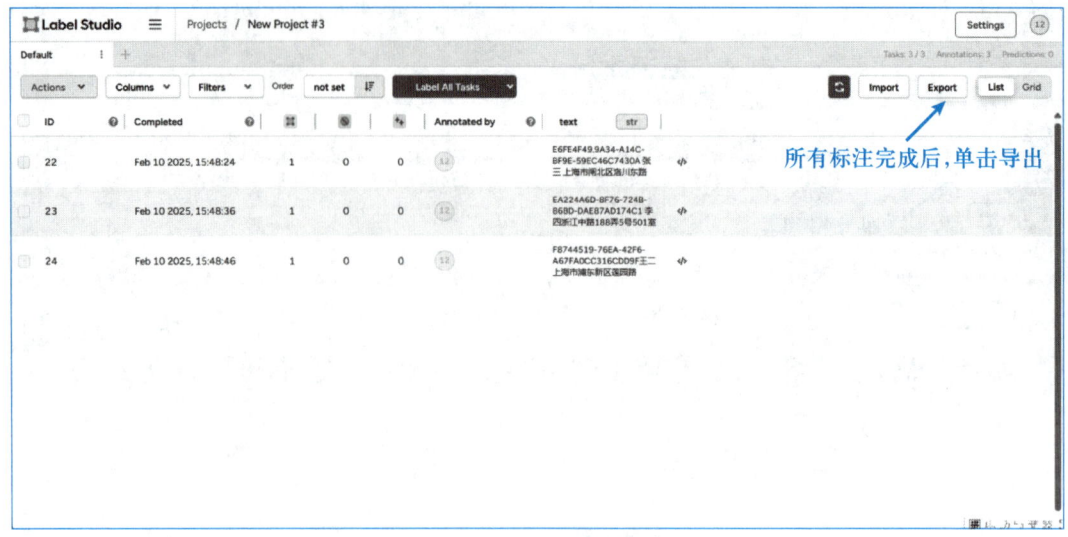

图 3-11　导出已标注的数据

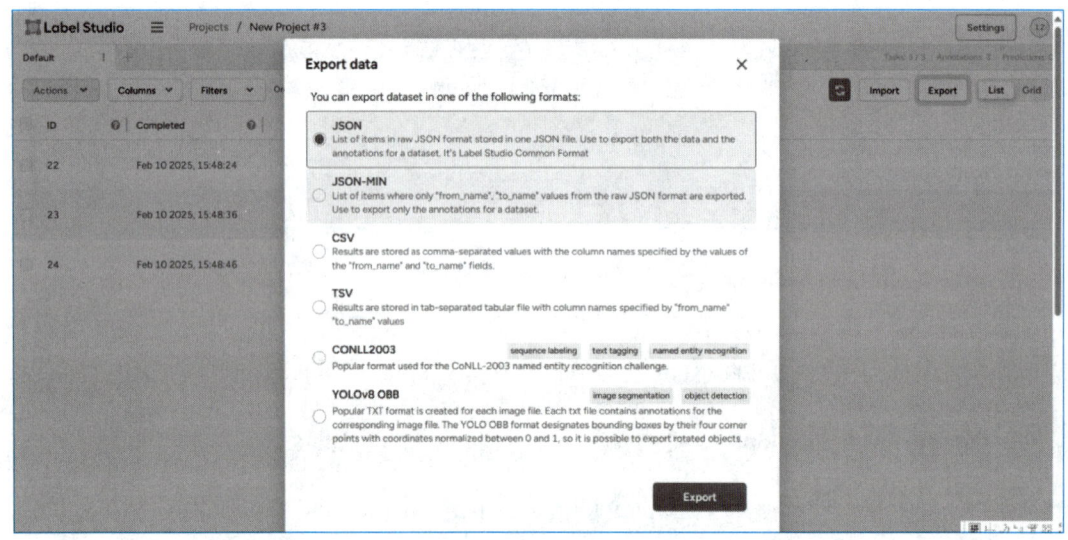

图 3-12　选择导出的数据格式

3.1.2　Doccano 安装与简单使用

1. 安装 Doccano

创建并激活虚拟环境

打开 Anaconda Prompt 创建一个新的 Python 虚拟环境：

```
conda create --name Doccano python=3.9
```

激活虚拟环境：

```
conda activate Doccano
```

在激活的虚拟环境中，使用 pip 安装 Doccano：

```
pip install doccano -i https://pypi.tuna.tsinghua.edu.cn/simple
```

运行 Doccano 初始化数据库：

```
doccano init
```

创建一个超级用户（图 3-13 所示）：

```
doccano createuser --username admin --password pass
```

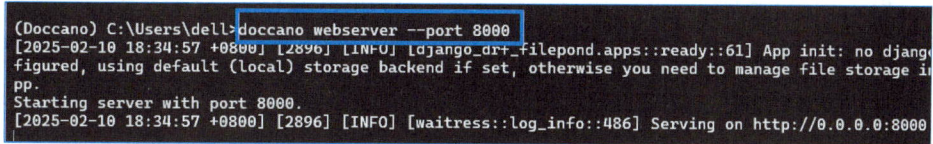

图 3-13　创建 Doccano 超级用户

启动 Web 服务器，端口号为 8000（图 3-14）：

```
doccano webserver --port 8000
```

图 3-14　创建 Doccano 端口号

在另一个终端中，进入到安装了 Doccano 的 sentiment 环境，运行命令：

```
activate sentiment
doccano task
```

此时，就完成了 Doccano 的启动（图 3-15）。

图 3-15 启动 Doccano

2. 访问 Doccano

打开浏览器，访问 Doccano 的登录页面，如图 3-16 所示。

在页面右上圆圈处可以切换语言，在椭圆圈处可以切换成网页背景。

然后单击中间的"快速开始"按钮，跳转到登录的界面。

使用创建的超级用户凭据登录并开始使用 Doccano，用户名：admin，密码：pass。

图 3-16 Doccano 登录页面

完成登录后，来到"项目"的界面。单击左上角的"创建"按钮来创建新的项目；也可以单击"删除"按钮来删除已经创建的项目，如图 3-17 所示。

人工智能通识教程（Python 编程实践篇）

图 3-17　创建新的项目或删除已创建的项目

　　单击左上角的"创建"按钮，创建一个新的项目，如图 3-18 所示。文本分类是整个文本对应一个标签，选择序列标注这个选项。

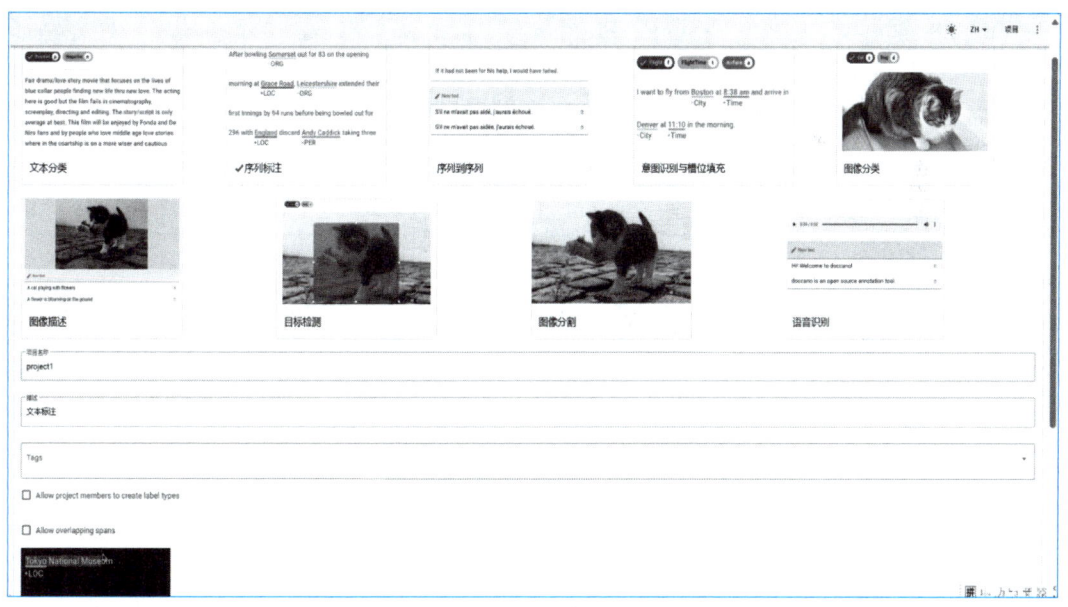

图 3-18　创建一个新的项目

　　在填写项目名称和描述后，单击"创建"按钮。在创建完成后，会自动跳转到项目的主页，如图 3-19 所示。

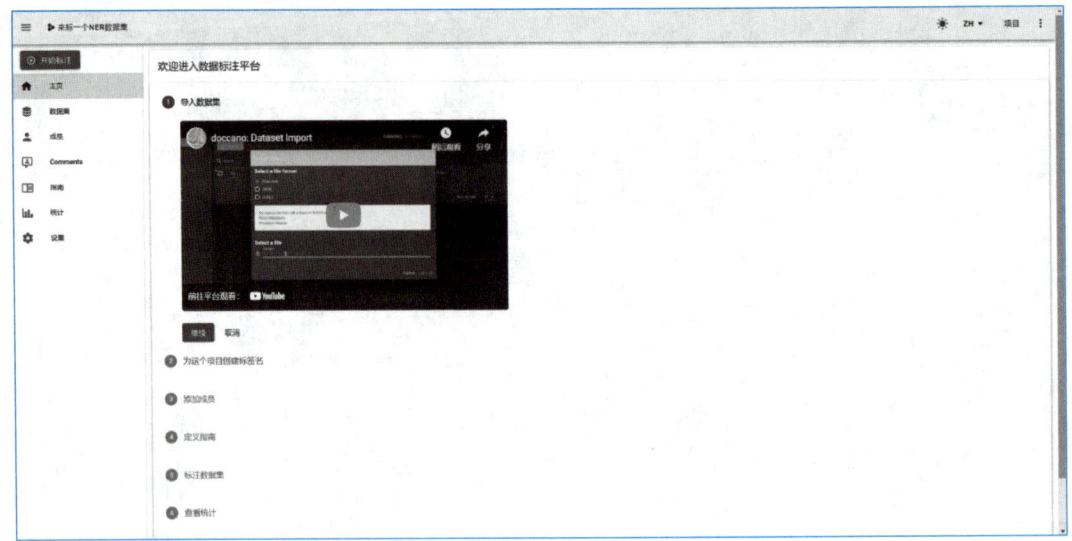

图 3-19　项目的主页

最左侧是一系列可以选择的页面。"主页"这个标签下面是 Doccano 提供的一系列教程，其他页面可以对项目进行设置操作。

需要在图 3-19 所示的界面中完成文本打标项目的各项设置。我们会依次单击左侧的各个标签，进行设置操作。

（1）添加语料库。

在"数据集"页面，将准备好的文本添加到项目中，为后续打标工作做准备。

首先单击左上角的"操作"→"导入数据集"，如图 3-20 所示。

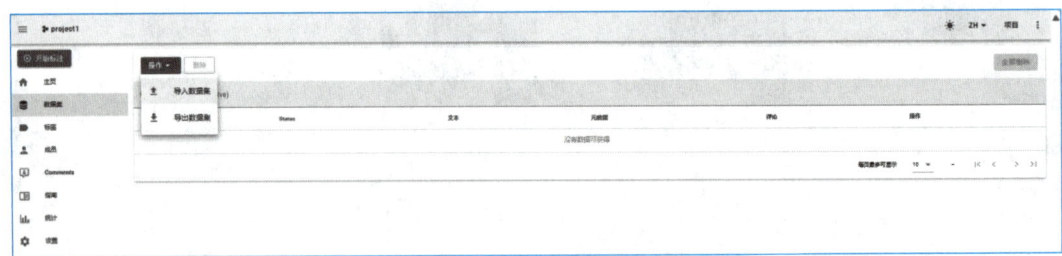

图 3-20　导入数据集

此时，来到"上传数据"界面，如图 3-21 所示。

如图 3-21 所示，Doccano 总共支持 4 种格式的文本，它们的区别如下。

① Textfile：要求上传的文件为 txt 格式，并且在打标的时候，整个 txt 文件在打标的时候显示为一页内容。

图 3-21　上传数据

② Textline：要求上传的文件为 txt 格式，并且在打标的时候，该 txt 文件的一行文字会在打标的时候显示为一页内容。

③ JSONL：是 JSON Lines 的简写，每行是一个有效的 JSON 值。

④ CoNLL："中文依存语料库"，是根据句子的依存结构而建立的树库。其中，依存结构描述的是句子中词与词之间直接的句法关系。具体介绍参考汉语树库。

注意：

Doccano 官方推荐的文档编码格式为 UTF-8。

在使用 JSONL 格式的时候，数据本身要符合 JSON 格式的规范。

数据文件中不要包含空行。

这里以 TextLine 格式举例。

单击 TextLine 格式。首先在跳转到的界面里，设置 File Format 和 Encoding。然后单击图 3-22 中的 "Drop files here…" 来上传文件。最后，单击左下角的"导入"将数据集添加到项目。

图 3-22　上传文件

此时，再单击"数据集"标签，就可以看到一条一条的文本已经被添加到项目中了，如图 3-23 所示。

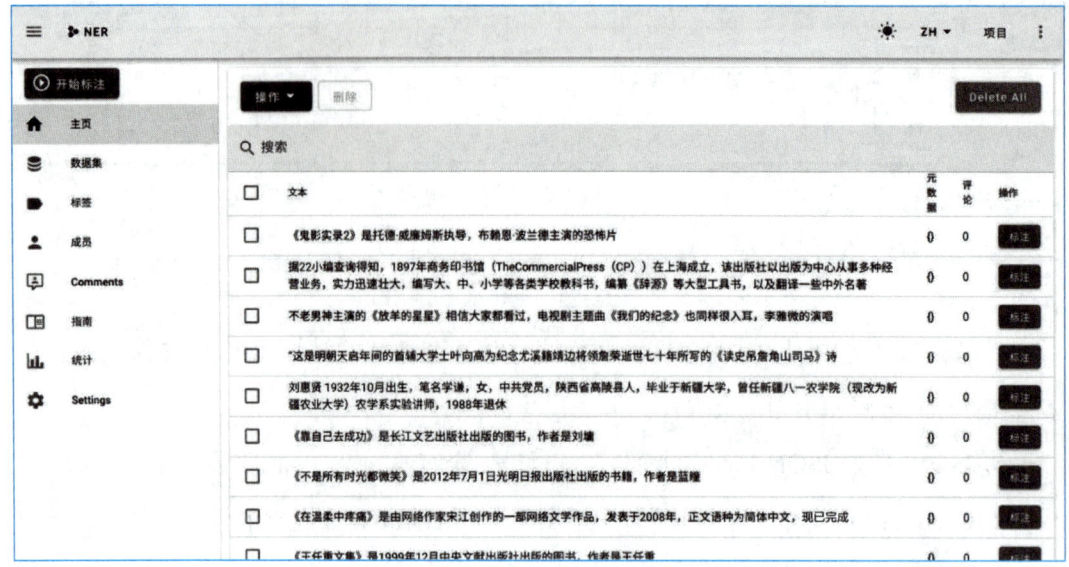

图 3-23　数据集

（2）添加标签。

单击左侧的"标签"按钮，就来到了添加标签的界面。

继续单击"操作"按钮，并在下拉菜单中单击"创建标签"按钮，如图 3-24 所示。

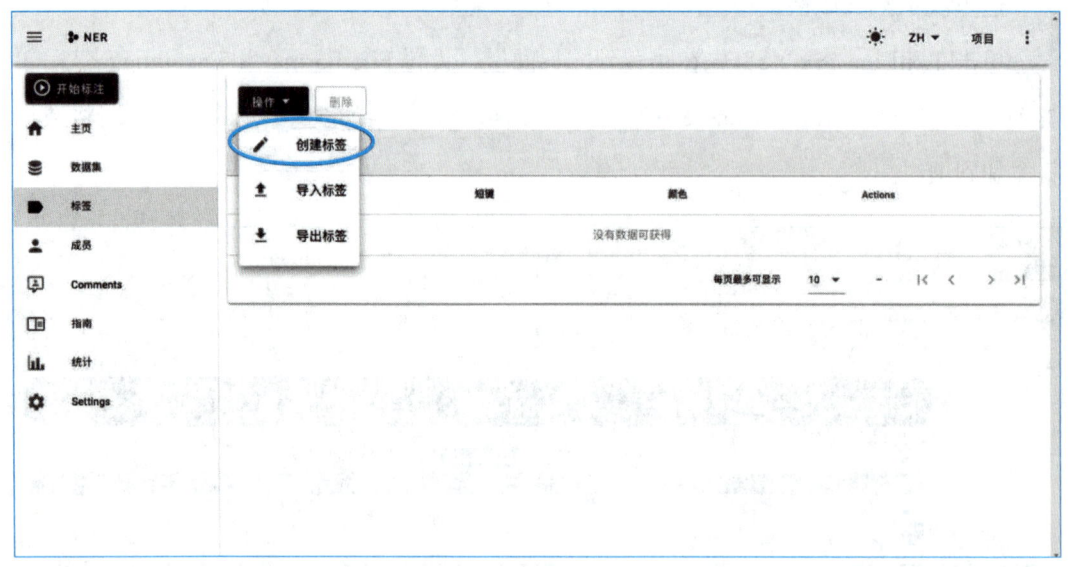

图 3-24　创建标签

在弹出的"创建标签"窗口中，在第一行写上标签的名字。

在第二行添加该标签对应的快捷键。例如，我们给 People 设置的快捷键是 p，如图

3-25 所示。将来在打标的时候，右手用鼠标选中段落中的文字（例如"白居易"），左手按下快捷键 p，就可以把被选中的文字打标成"People"，如图 3-25 所示。

图 3-25　添加快捷键

接下来我们可以给标签设置自定义颜色。

全部设置好后，单击右下角的 Save 按钮。

此时，一个标签就添加完成了。我们按照相同步骤添加其他所需标签。

（3）添加成员。

在为机器学习的语料库打标的时候，由于语料库规模较大，如果让一人独自打标所有文本，完成时间不可控。因此，我们需要多个人协同完成语料库的打标工作。为了邀请他人参与项目，首先需要为其他成员创建账户。

到数据库的管理系统页面 Django administration，并使用超级用户账号密码登录该管理系统，如图 3-26 所示。

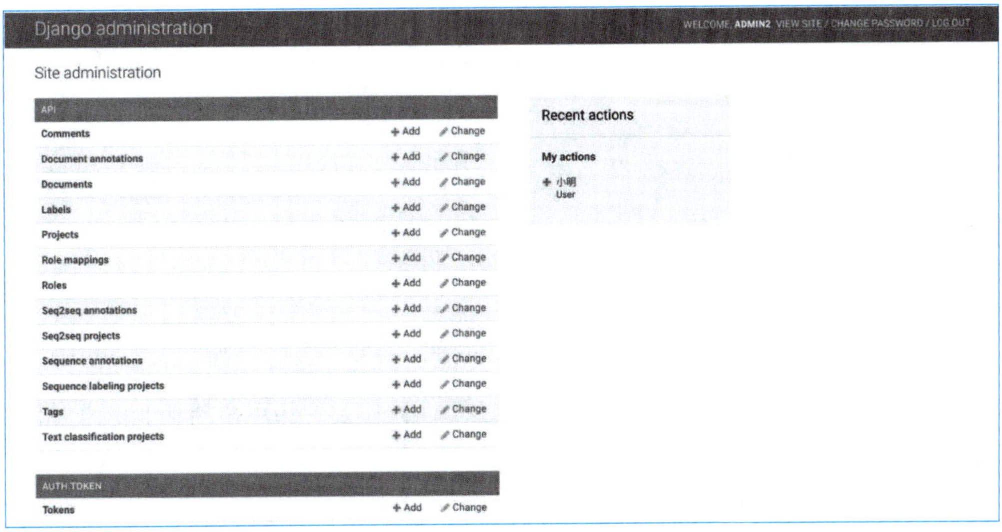

图 3-26　数据库管理系统页面

在这个页面可以对项目对应的数据库进行各种管理与设置。

拉到页面最下面，单击 Users 旁边的"＋Add"按钮，添加新用户，如图 3-27 所示。

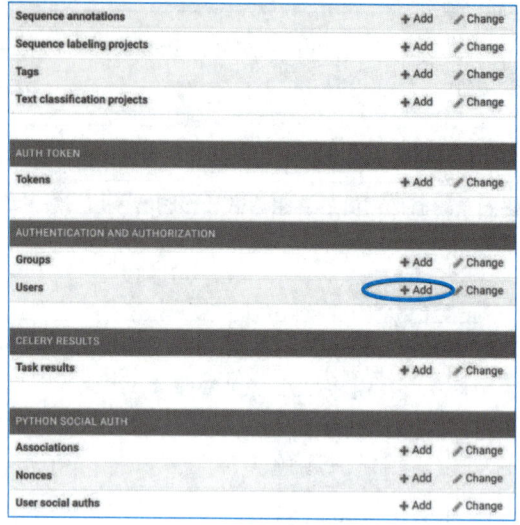

图 3-27　添加新用户

输入用户名和密码，并单击右下角的"SAVE"按钮来保存用户，如图 3-28 所示。

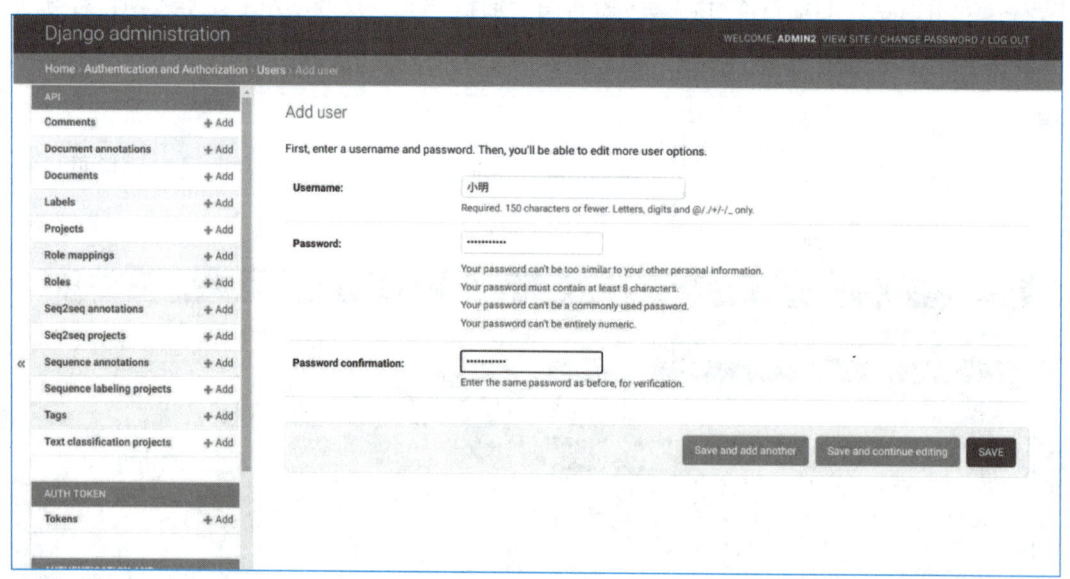

图 3-28　保存用户

在创建完新的用户后，可以在所跳转到的页面，输入一些用户的其他信息并保存，如图 3-29 所示。

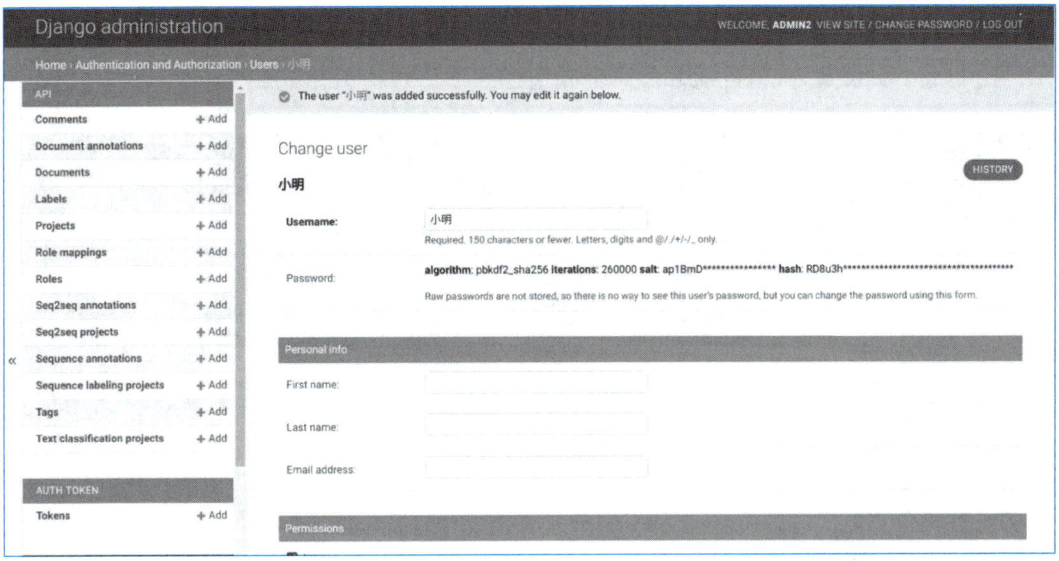

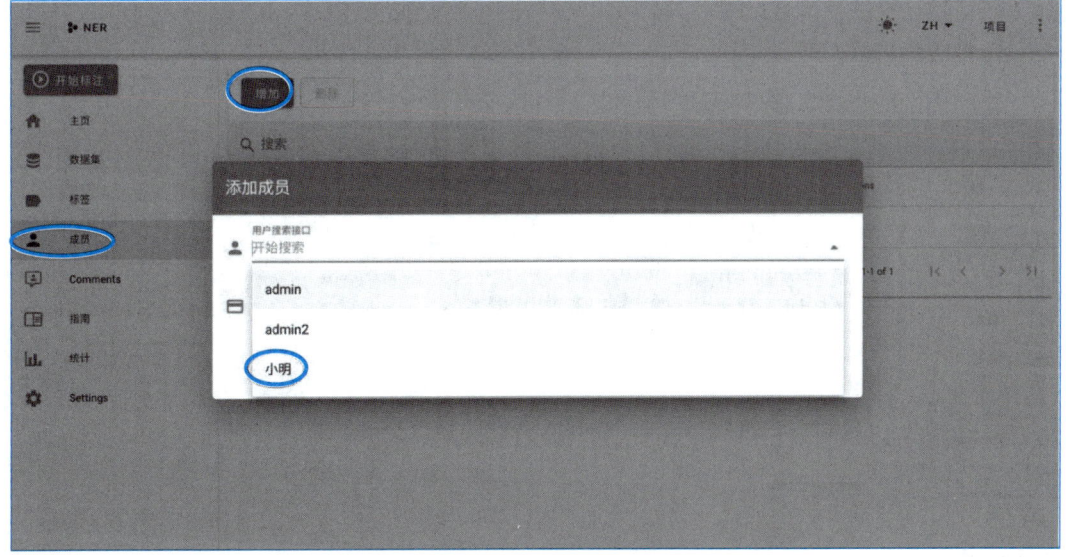

图 3-29　用户其他信息

此时，返回项目的设置页面。单击左侧的"成员"标签，单击页面上的"增加"按钮，会弹出"添加成员"窗口。

在"用户搜索接口"的下拉菜单中可以找到刚添加的用户"小明"，如图 3-30 所示。

注意，在这里只能找到已经创建的用户，而不能创建新的用户。如果要新建用户，必须要到前面 Django administration 界面。

图 3-30　用户搜索接口

同时，还可以设置不同成员的角色，不同的角色对应着不同的权限。如图 3-31 所示，我们把小明设置为"标注员"。其他角色还有项目管理员和审查员。

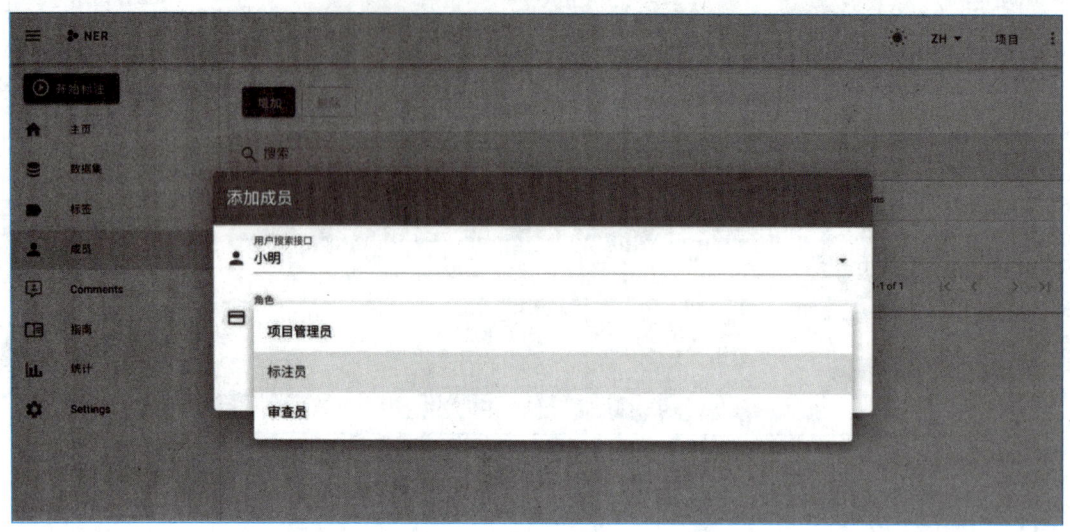

图 3-31　设置成员的角色

（4）添加标注指南。

我们可以提前给标注员和审查员准备一些标注指南，便于他们理解标注的要求和注意点。

例如，在判断文本正负面倾向的文本分类任务中，我们要具体说明判断正负面的标准：满足哪些要求的文本可被视为正面。把标准写具体、明确，才能得到一个尺度统一的数据集。数据集打标尺度的统一，是机器学习获得好的效果的前提。

添加指南的界面如图 3-32 所示。

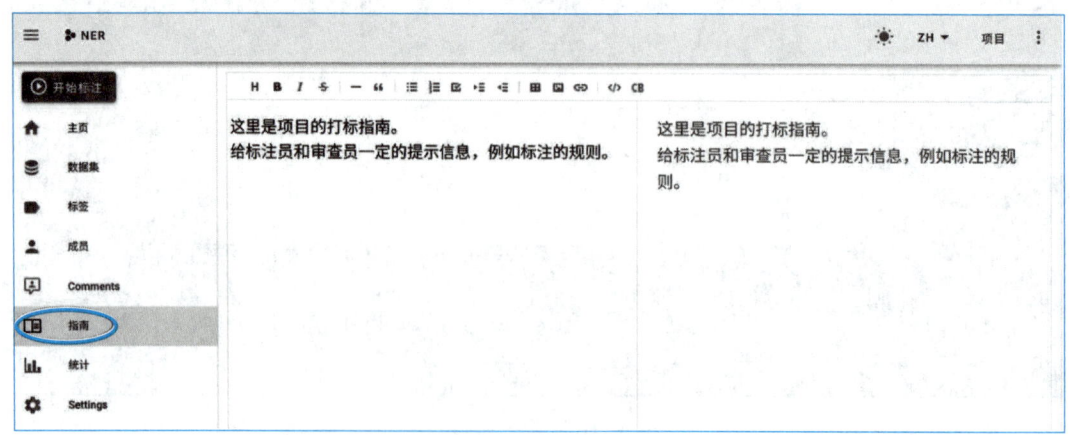

图 3-32　添加指南

（5）开始给文本打标。

需要注意的是，上面的前期设置中并不是所有的都是必需的。在最精简的情况下，可以在仅添加了数据集与标签后，就开始给文本打标。

在打标的界面下，选中句子中的实体，系统会自动弹出一个下拉菜单，可以从该下拉菜单中选择相应的实体类型 People，也可以直接在键盘上按下 p 键，如图 3-33 所示。

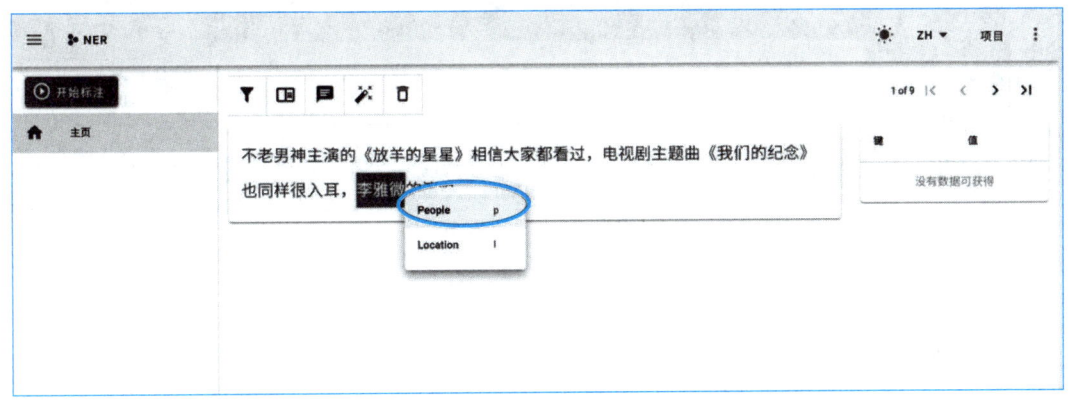

图 3-33　打标界面

这是添加标签之后的状态，如图 3-34 所示。

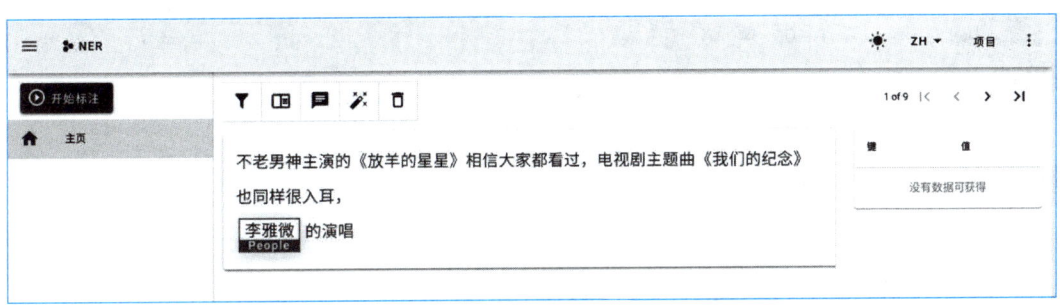

图 3-34　添加标签之后的状态

在文本框的上面还有一排小工具，如图 3-35 所示。

第一个是筛选：主要作用是控制程序显示全部文本、已标注的文本或未标注的文本。

第二个是指南：即显示事先写好的打标指南，如图 3-32 所示。

第三个是评论：可以针对某一条文本添加评论。

第四个是 Auto Labeling：这个功能需要我们调用一些 API 来实现，Doccano 本身没有自动打标的功能。例如，可以在管理员账户下，在项目中添加 Amazon Comprehend

Entity Recognition 的 API 信息（例如 aws_access_key）来支持。

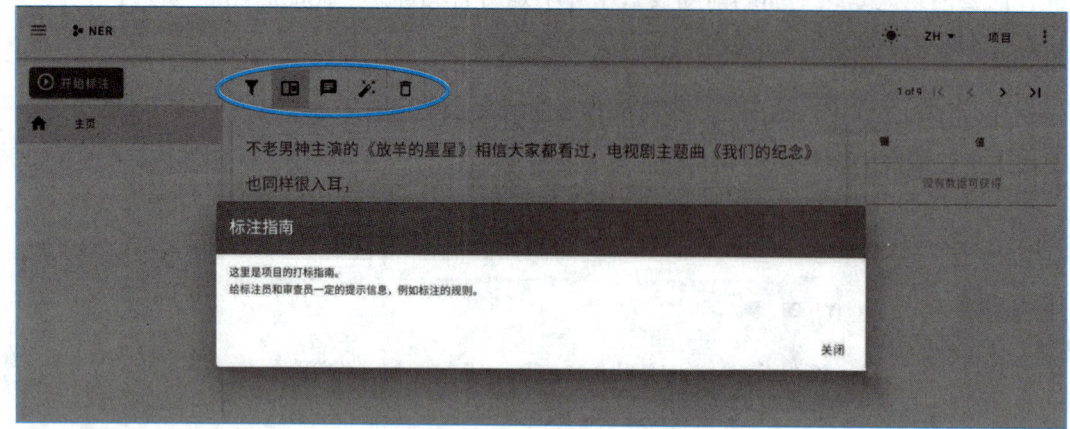

图 3-35　文本框小工具

第五个是清除这一页上所有的标签。

完成一个文本的打标以后，可以单击右上角的向右箭头，切换到下一个文本，如图 3-36 所示。

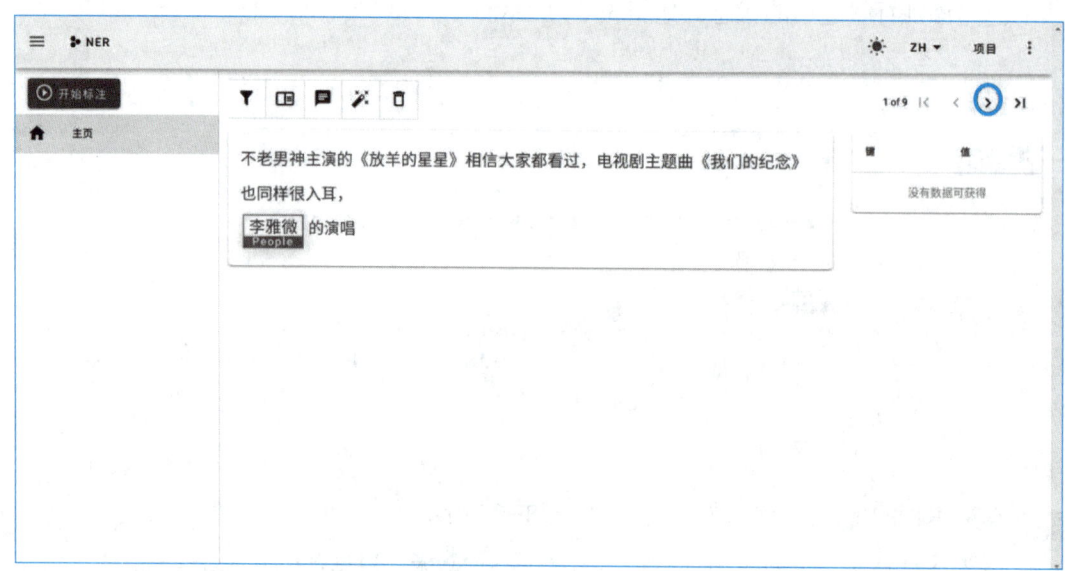

图 3-36　切换到下一个文本

也可以通过键盘上的左右方向键来快速切换上一个或者下一个文本。

注意，如果在项目设置中选择了在成员之间共享标注，那么一个用户打标的结果可以被其他所有用户看到。

（6）导出打标结果。

在"数据集"页面下，选择"操作"→"导出数据集"选项，如图 3-37 所示。

图 3-37　导出数据集

注意，在图 3-37 右侧，可以看到每一条文本的评论数量，例如圆圈处。

在弹出的窗口中，根据需要进行设置后，单击 Export 按钮，即可导出标注结果，如图 3-38 所示。

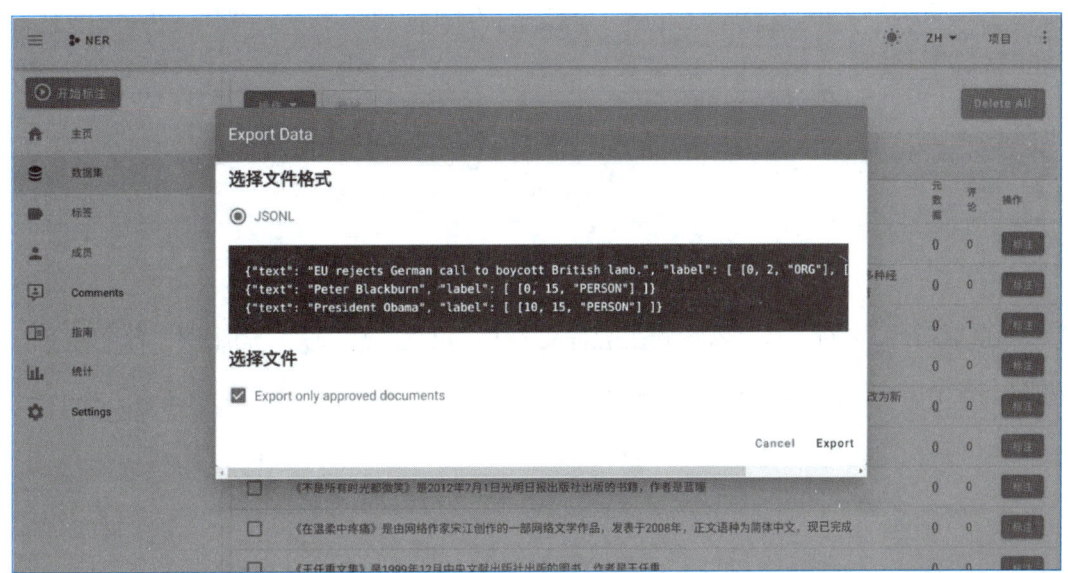

图 3-38　导出标注结果

保存好的文本是字典的格式。

如图 3-39 所示，保存了句子的 ID、句子原文、实体的在句子中的位置、实体的类型。

打开(O)   all.jsonl   保存(S)

1 {"id": 18, "data": "\u4e0d\u8001\u7537\u795e\u4e3b\u6f14\u7684\u300a\u653e\u7f8a\u7684\u661f\u661f\u300b\u76f8\u4fe1\u5927\u5bb6\u90fd\u770b\u8fc7\uff0c\u7535\u89c6\u5267 "label": [[42, 45, "People"]]}
2 {"id": 19, "data": "\u300a\u9760\u81ea\u5df1\u53bb\u6210\u529f\u300b\u662f\u957f\u6c5f\u6587\u827a\u51fa\u7248\u793e\u51fa\u7248\u7684\u56fe\u4e66\uff0c\u4f5c\u8005\u662f "label": []}

图 3-39 字典格式

（7）阅读项目信息。

在管理员账户下，可以看到标注项目的进度以及其他信息。

在 Comments 页面下，可以看到所有标注员、审核员、管理员添加的评论，如图 3-40 所示。

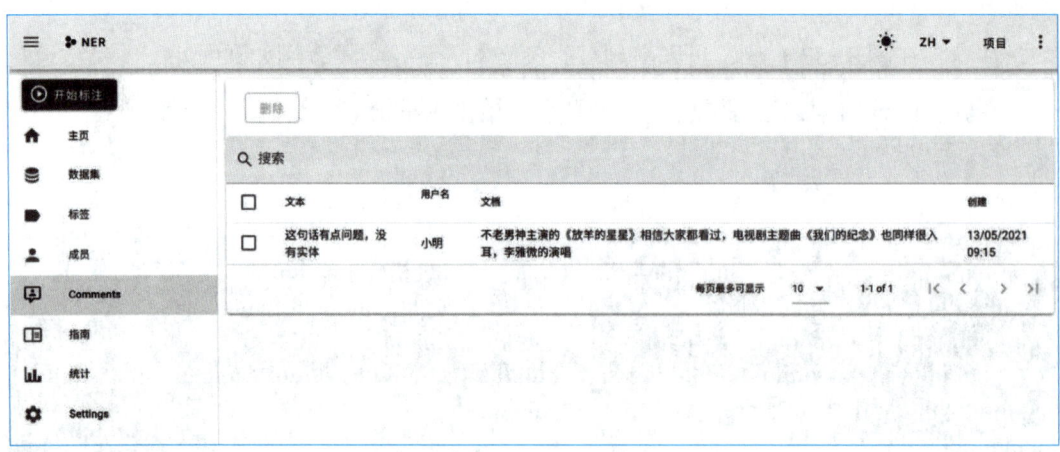

图 3-40 Comments 页面

在"统计"页面下，可以看到在所有文本中，已完成和未完成的比例、各个标签的数量、各个用户的工作量等，如图 3-41 所示。

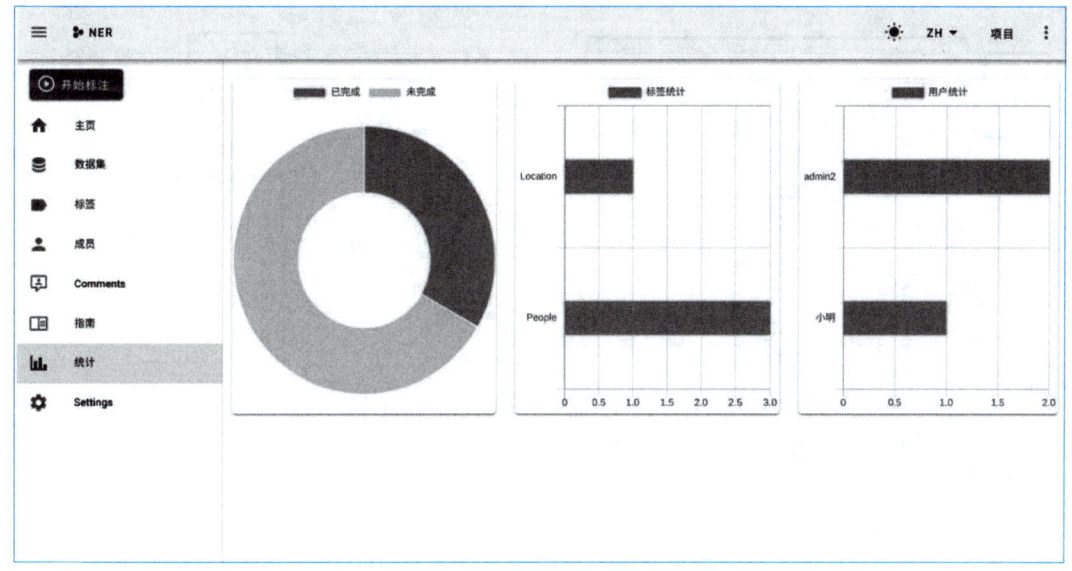

图 3-41　统计页面

3.2　图像标注

3.2.1　Labelimg 安装与使用教程

1. 创建 Conda 环境

创建 Python 3.9 的新环境（环境名称为 labelimg）：

```
conda create -n labelimg python=3.9
```

#激活环境：

```
conda activate labelimg
```

#使用 pip 安装：

```
pip install labelimg
```

#使用以下命令启动 Labelimg：

```
labelimg
```

2. Labelimg 的基本使用

Labelimg 的界面说明如图 3-42 所示。

（1）打开图像（文件夹）。

在工具栏中选择 Open 来加载单个图像，选择 Open Dir 来加载目标文件夹内的所有图像，选择 Change Save Dir 来改变 XML 保存路径，如图 3-43 所示。

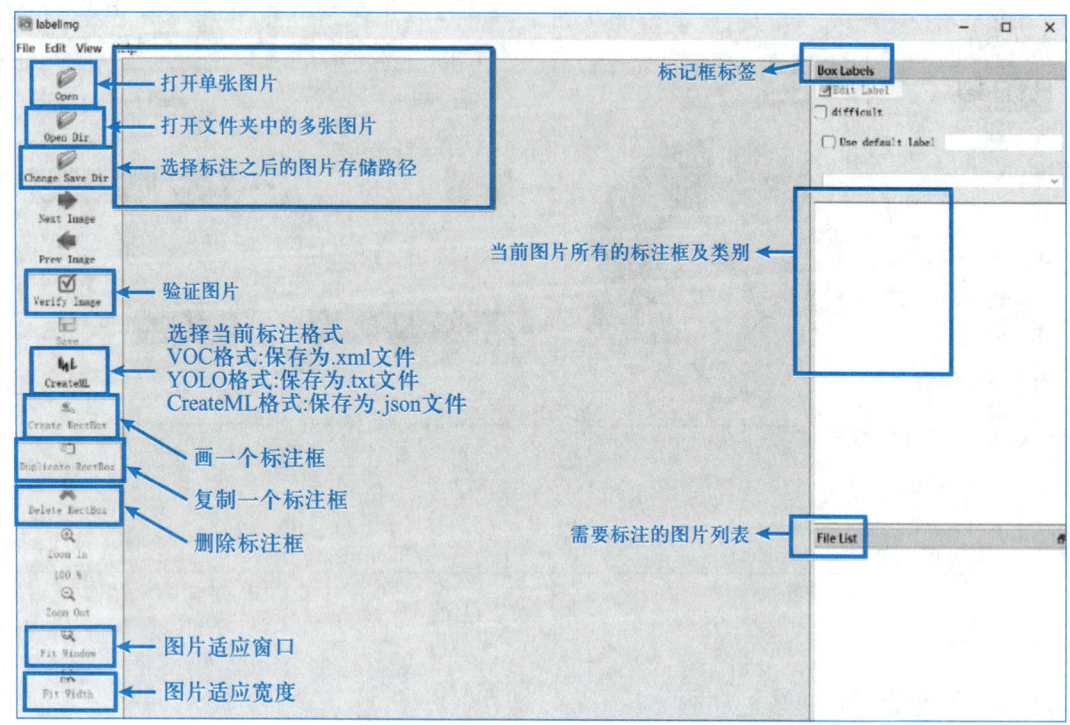

图 3-42　Labelimg 的界面说明

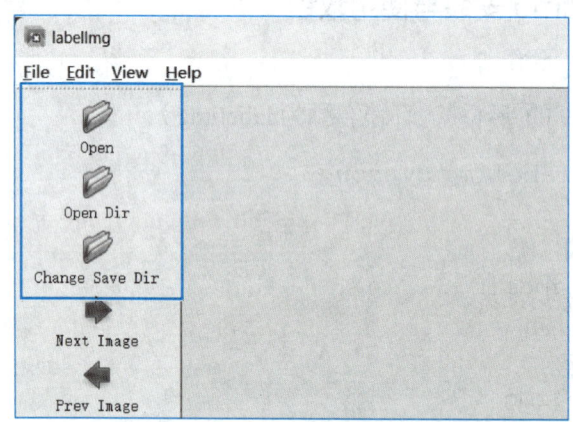

图 3-43　Labelimg 的基本使用

（2）创建标注框。

选择图像后，单击 Create RectBox 按钮，或使用快捷键 W 来创建一个矩形框。

拖曳鼠标创建边界框，并在对话框中输入标签名称，例如 dog 或 car 等，根据需求输入。

创建完成后，单击 OK 按钮保存 XML 标注文件，如图 3-44 所示。

图 3-44　创建标注框

（3）快捷键。

Ctrl + S——保存当前标注。

A/D——切换至上 / 下一张图片。

W——创建矩形框。

（4）配置。

① 自动保存（推荐配置）。

可以通过选择 View → Auto Save mode 自动保存标注数据，如图 3-45 所示。

选择该选项后，每次创建完标注框后不需要手动单击 Save 保存标注数据。

② 选择 YOLO 格式或 PascalVOC 格式导出标注文件（区别），如图 3-46 所示。

PascalVOC 格式（默认）：使用 XML 文件描述标注，包含目标的类别、坐标（非归一化）以及其他信息。常用于较通用的数据集，适合兼容性广泛的检测任务。PascalVOC 格式在标注详细度上更高，更适合需要丰富标签信息的场景，如模型评价或结果展示。

YOLO 格式：每个目标用一行表示，包含了类别标签和归一化后的边界框信息。用于 YOLO 系列的目标检测模型，因格式紧凑、存储空间小，适合大规模数据集训练时快速加载和处理。

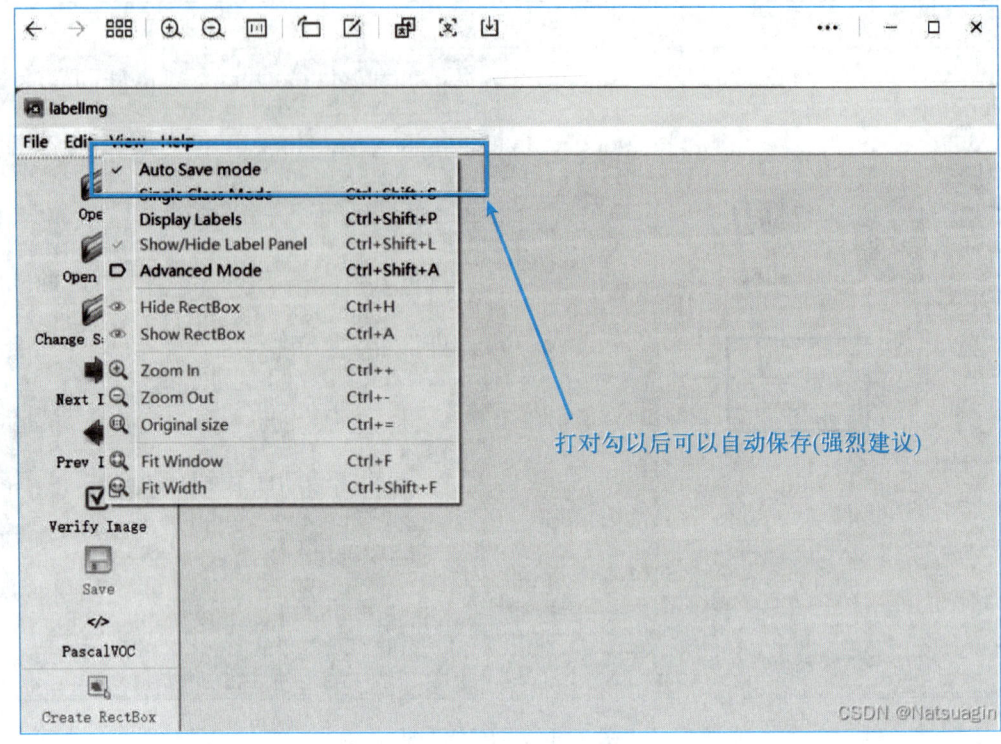

图 3-45　自动保存标注数据

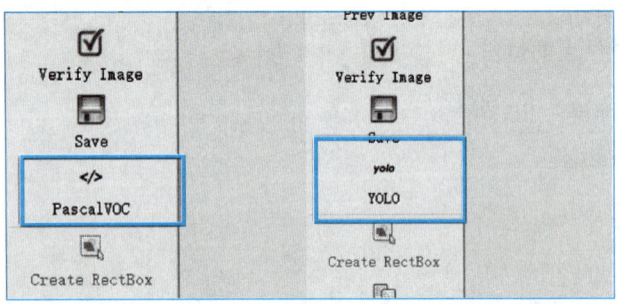

图 3-46　选择导出的文件格式

（5）结果。

标注后的 XML 格式文件最后会保存在最初选择 Change Save Dir 的保存路径下。文件后缀显示为 .xml 文件，即表示已正确保存。

3.2.2　Label Studio 图像标注使用教程

Label Studio 的安装以及登录方式参考 3.1.1 节内容。接下来介绍如何使用 Label Studio 进行图像数据的标注。

（1）单击 Create Project 按钮，开始创建一个项目，如图 3-47 所示。

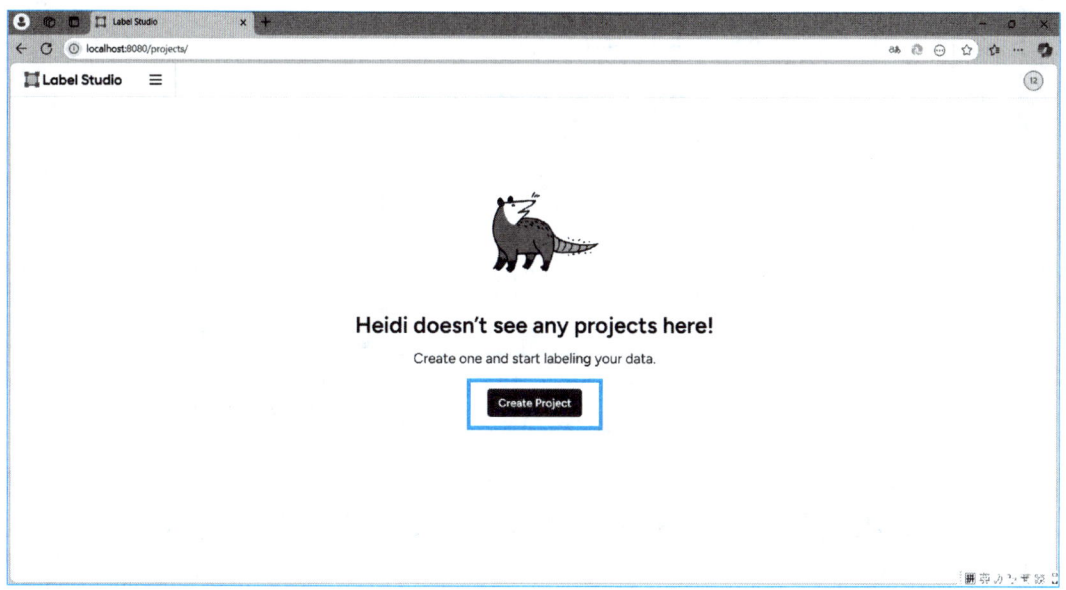

图 3-47　创建项目

（2）弹出的界面如图 3-48 所示，在这里设置项目的名称和对项目的描述。

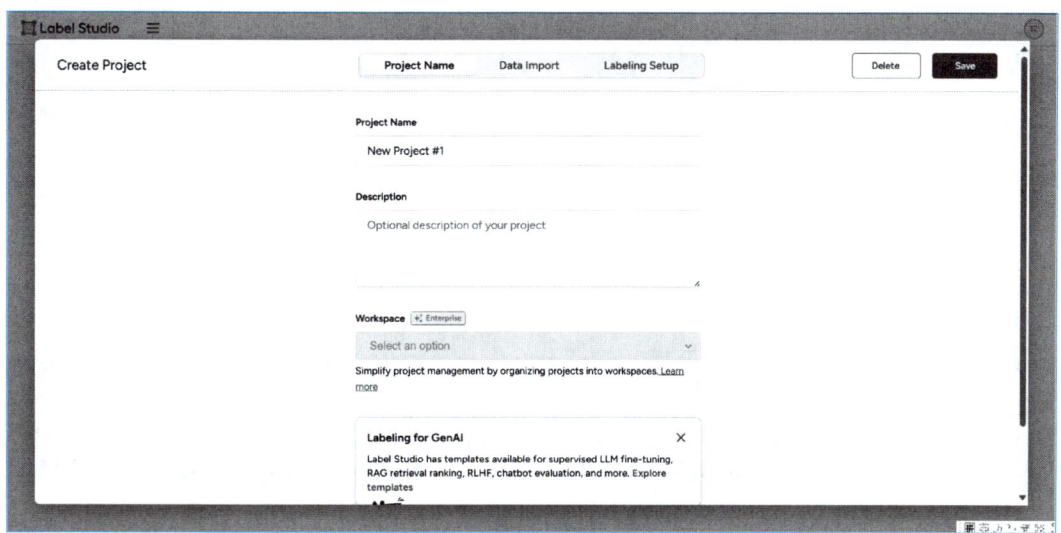

图 3-48　设置项目名称和项目描述

（3）单击 Data Import，进入数据导入界面，单击 Upload Files，从本地上传要标记的文件，如图 3-49 所示。

（4）选择好需要标注的文件后，单击"确定"，会出现图 3-50 所示的界面。

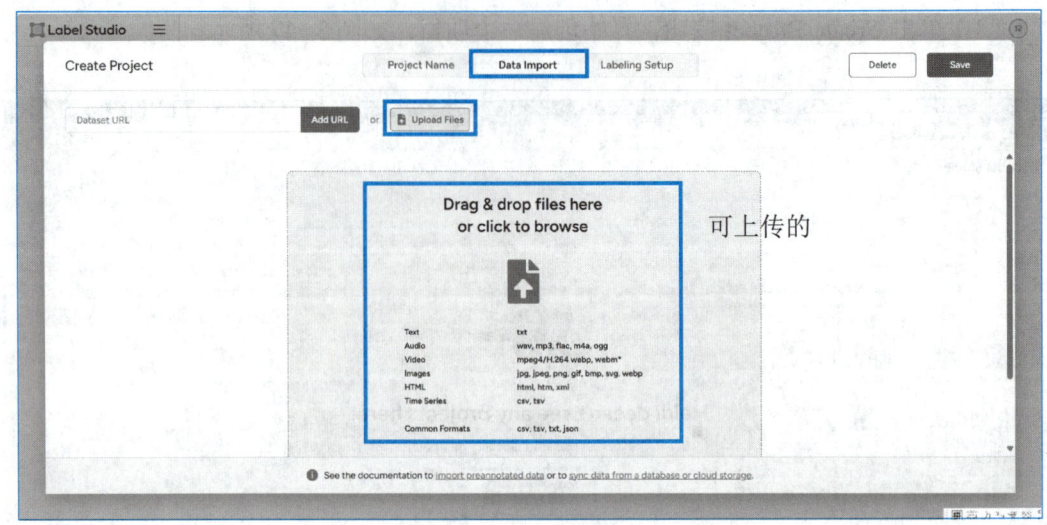

图 3-49　数据导出界面

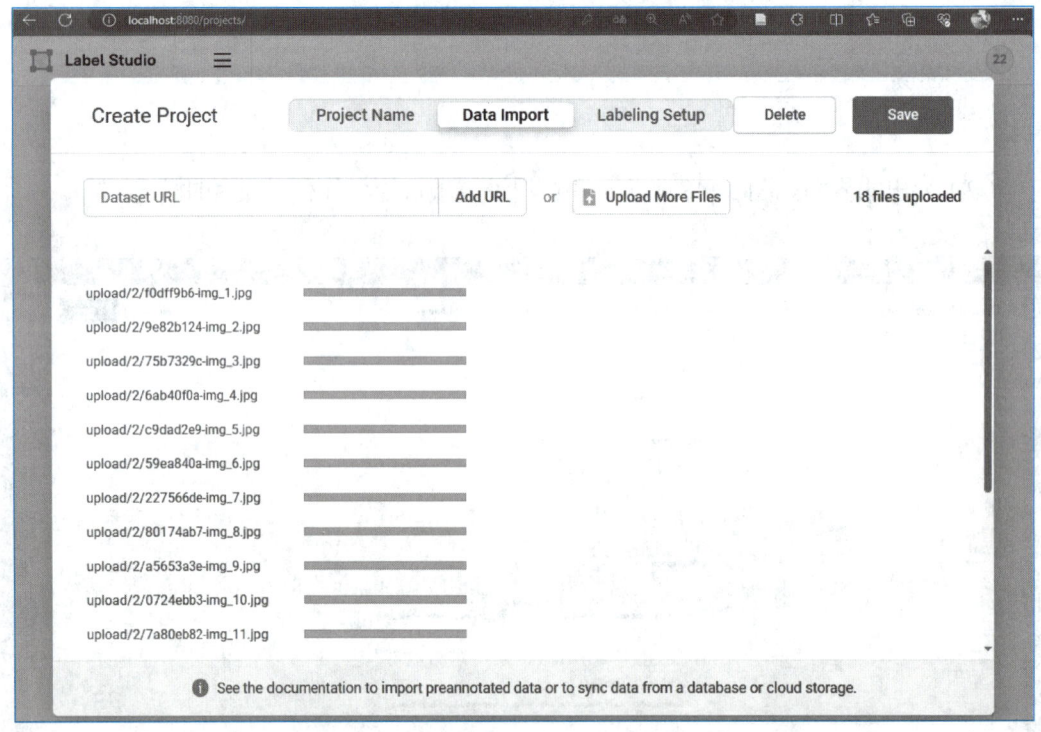

图 3-50　界面

（5）单击 Labeling Setup，此处显示不同标注对象的标注形式以及对应标注任务的模板，因这里需进行人体头部标注，故选择的关键点标注（Keypoint Labeling），如图 3-51 所示。

（6）选择后，跳到图 3-52 所示的界面，这里将原有的标签删掉了，换上了 person 标签。在左边的方框中输入标签名称，然后单击 Add 按钮即可添加，如图 3-52 所示。

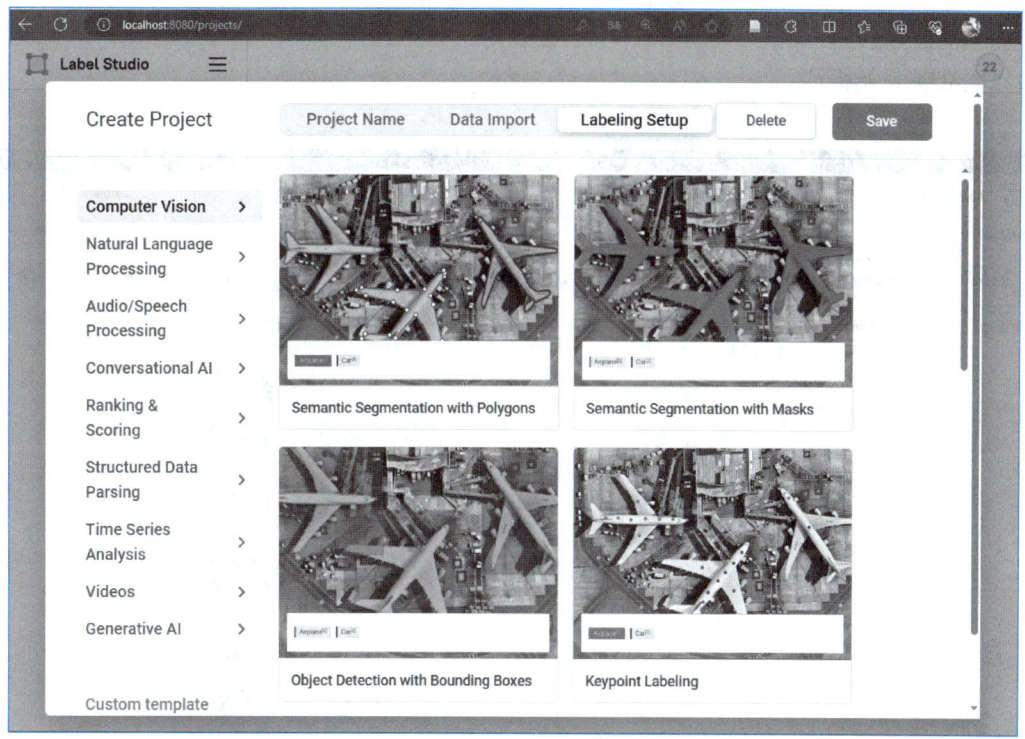

图 3-51　标注形式

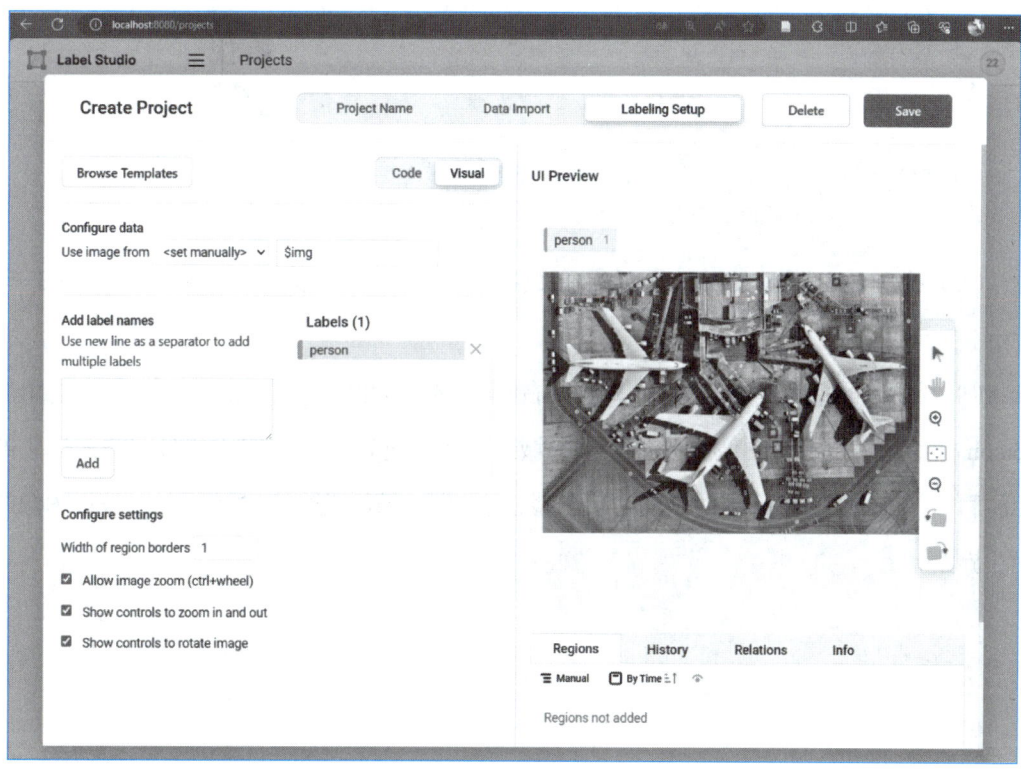

图 3-52　添加标签

（7）设置好需要的标签之后，单击右上角的 **Save** 按钮，就可以跳到如图 3-53 所示的界面准备开始标注了。

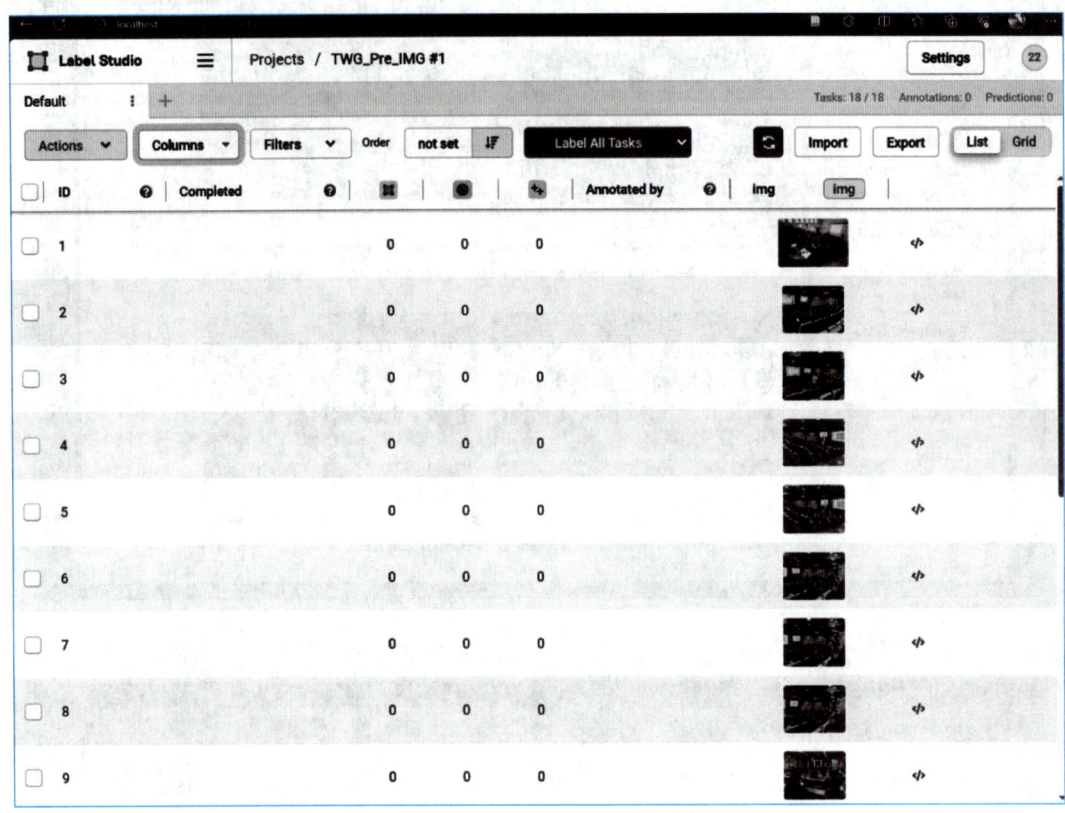

图 3-53　准备开始标注

（8）单击 Label All Tasks，开始图像数据中的人体头部标注（点标注），如图 3-54 所示。

（9）该界面左侧是要标注的图像，右侧会显示标注点的信息，先单击左上角的 person 标签，随后可在图像中人体头部区域通过单击进行标注。完成整张图的人体头部标注后，单击下方的 **Submit** 按钮提交已标注的数据。随后就会自动跳转至下一张图像的标注界面。

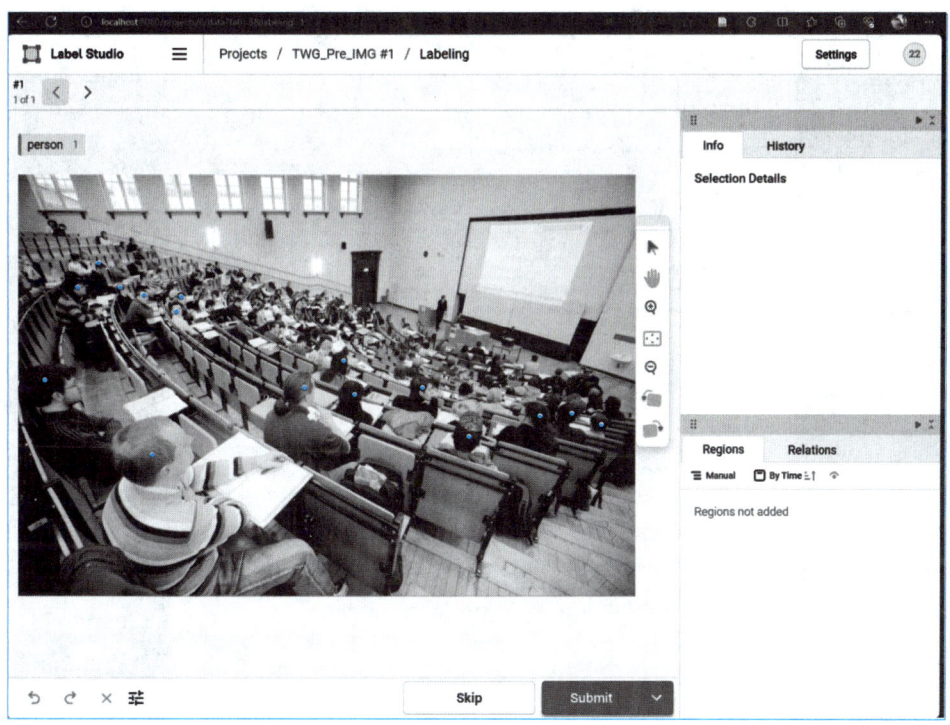

图 3-54　开始图像数据中的人体头部标注

（10）全部标注完成后，单击右上角的 Export 按钮导出已标注的数据，如图 3-55 所示。这里选择 JSON 格式导出，也可以导出为其他的格式，如图 3-56 所示。

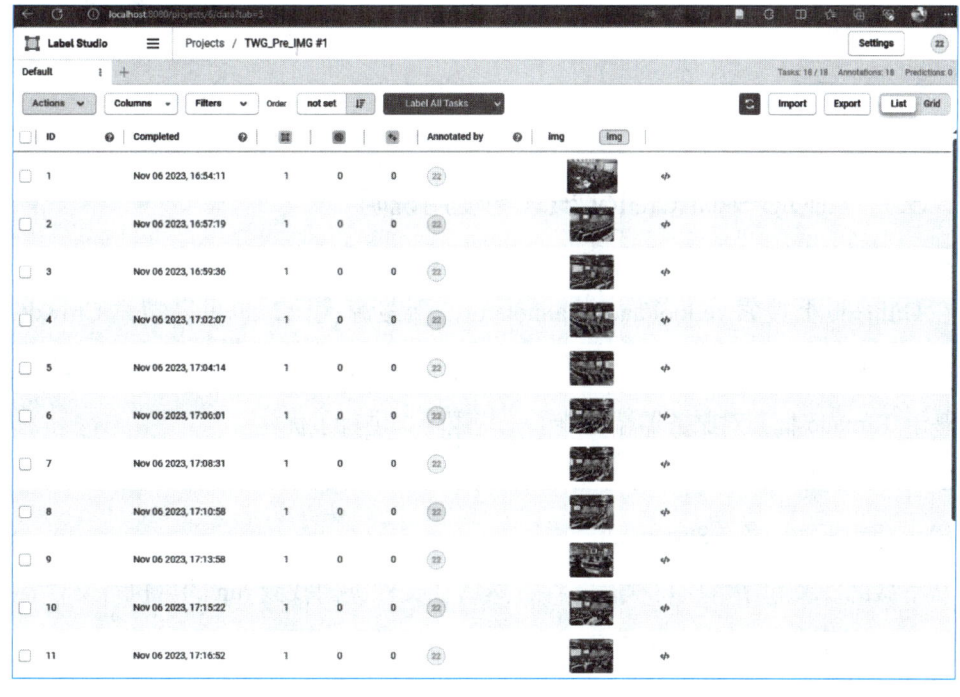

图 3-55　图像的标注界面

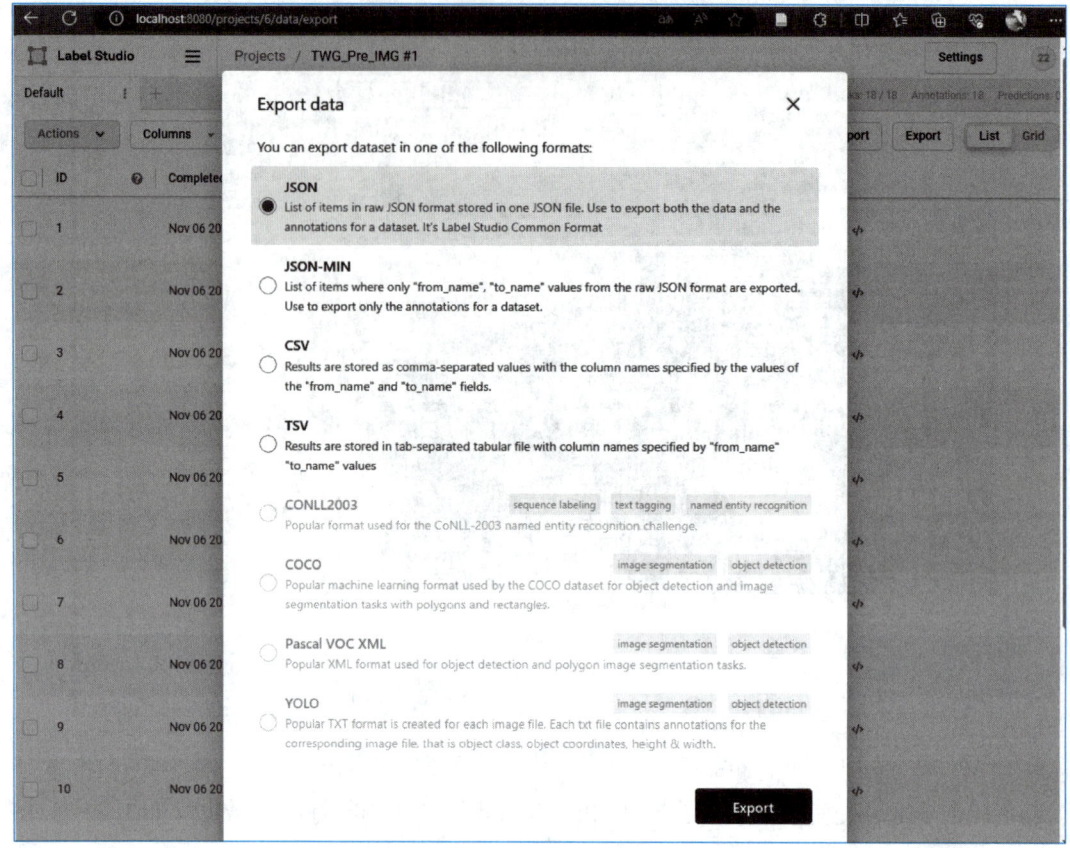

图 3-56　Export 导出已标注的数据

3.3　音频数据

3.3.1　Audio-Annotator 安装与使用说明

1. 安装与启动

在 GithHub 上搜索 vellool/audio-annotator，下载源代码，也可以搜索 CrowdCurio/audio-annotator 下载 Web 端代码，该代码进行了汉化，按 VAD 需求调整了标注方式，并且基于 Tornado 框架对服务器端调整了一些逻辑，进行了优化。

2. 使用方式

（1）开启标注服务（Server）。

从下载的安装包中解压可执行文件，然后在文件夹内找到 run 的可执行文件，可执行文件后可带参数，如图 3-57 所示。

```
optional arguments:
  -h, --help              show this help message and exit
  --host HOST             host, 0.0.0.0 代表外网可以访问
  -p PORT, --port PORT    port
  -d DEBUG, --debug DEBUG
                          debug
  -l LOG_CONFIG_FILE, --log_config_file LOG_CONFIG_FILE
                          log config file, json
  --wav_dir WAV_DIR, -w WAV_DIR
                          待标注的wav文件夹
```

图 3-57　可执行文件参数

注意：-w 这个参数用于指定需标注的 wav 文件所在的文件夹，如果不指定，默认是在 run 的同级目录下的 wavs 文件夹，如图 3-58 所示。

（2）源代码部署。

解压源代码，使用 PyCharm 打开，直接执行 run.py 文件，参数和可执行文件部署一样，如图 3-59 所示。

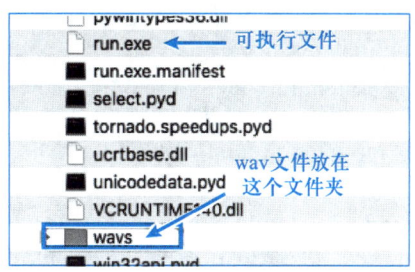

图 3-58　wavs 文件所在的文件夹

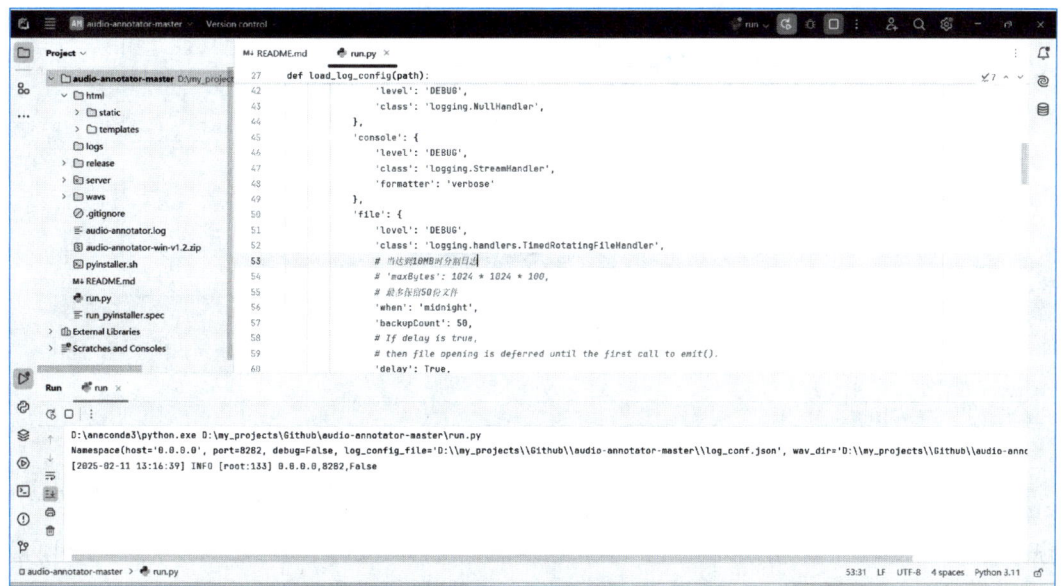

图 3-59　源代码部署

（3）在浏览器里进行标注。

没有指定--host 的话，使用默认地址，在任意浏览器打开链接（尽量使用 Chrome 浏览器）。v1.1 版本增加了 review 功能，1.2 版本增加了指定 wav_name 功能。

标注界面如图 3-60 所示。

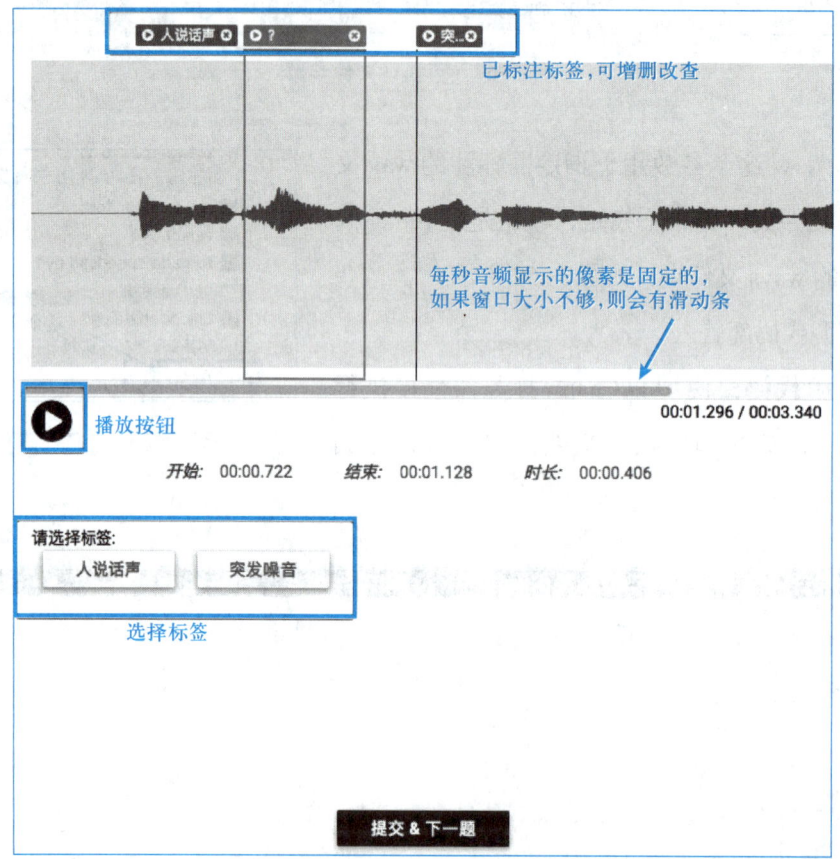

图 3-60　标注界面

（4）标注结果。

将标注结果保存在 wavs 里，以 name.wav.json 命名，采用 JSON 格式，如图 3-61 所示。

图 3-61　wavs 目录

需要关注的字段如图 3-62 所示。

```
⊟{
    "task":⊟{
        "feedback":"none",
        "visualization":"waveform",
        "proximityTag":⊟[

        ],
        "annotationTag":⊟[
            "人说话声",
            "突发噪音
        ]                                          标注的wav文件
        "url":"/wavs/test/d815927106414d5693f4c0a2c292c546.wav",
        "tutorialVideoURL":"",
        "alwaysShowTags":true
    },
    "task_start_time":1536205009246,
    "task_end_time":1536205741550,
    "visualization":"waveform",
    "annotations":⊟[                               标注结果
        ⊟{
            "id":"wavesurfer_8jt0e4u7i",
            "start":0.3584152046783626,
            "end":0.7060877192982455,
            "annotation":"人说话声"
        },
        ⊟{
            "id":"wavesurfer_pi4416ehgu8",
            "start":1.2959590643274854,
            "end":1.5147192982456141,
            "annotation":"突发噪音"
        },
        ⊟{
            "id":"wavesurfer_eg9i46il69g",
            "start":0.7217134502923976,
            "end":1.1279824561403509,
            "annotation":"人说话声"
        }
    ]
    "deleted_annotations":⊟[
```

图 3-62　需要关注的字段

3.3.2　Label Studio 音频标注使用说明

Label Studio 的安装以及登录方式参考 3.1.1 节内容。接下来介绍如何使用 Label Studio 进行音频数据的标注。

（1）单击 Create Project 按钮，开始创建一个新项目，如图 3-63 所示。

（2）弹出的界面如图 3-64 所示，在这里设置项目名称和项目描述。

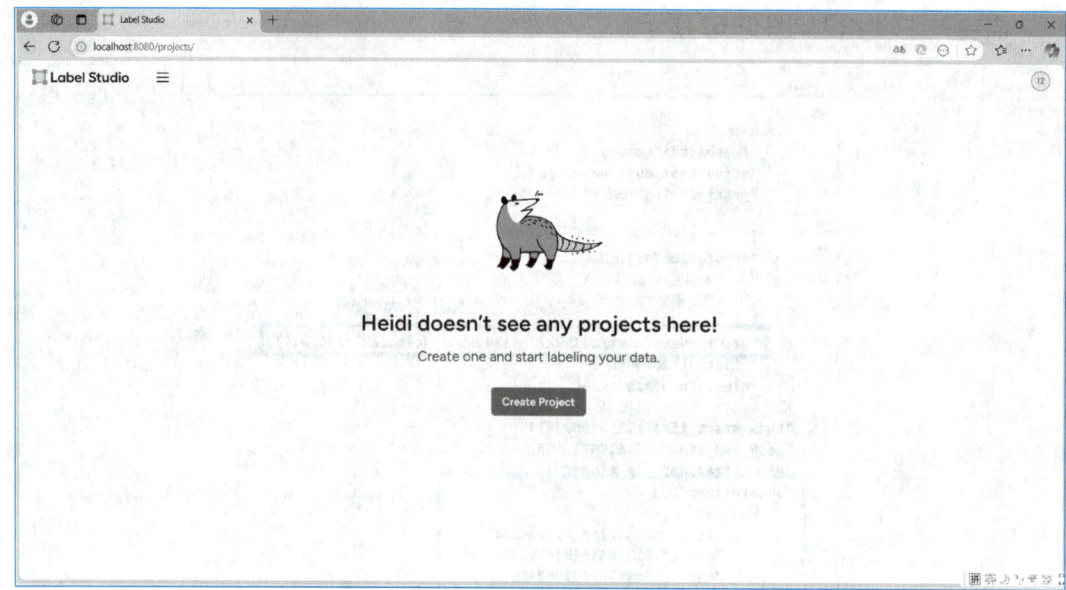

图 3-63　创建一个新项目

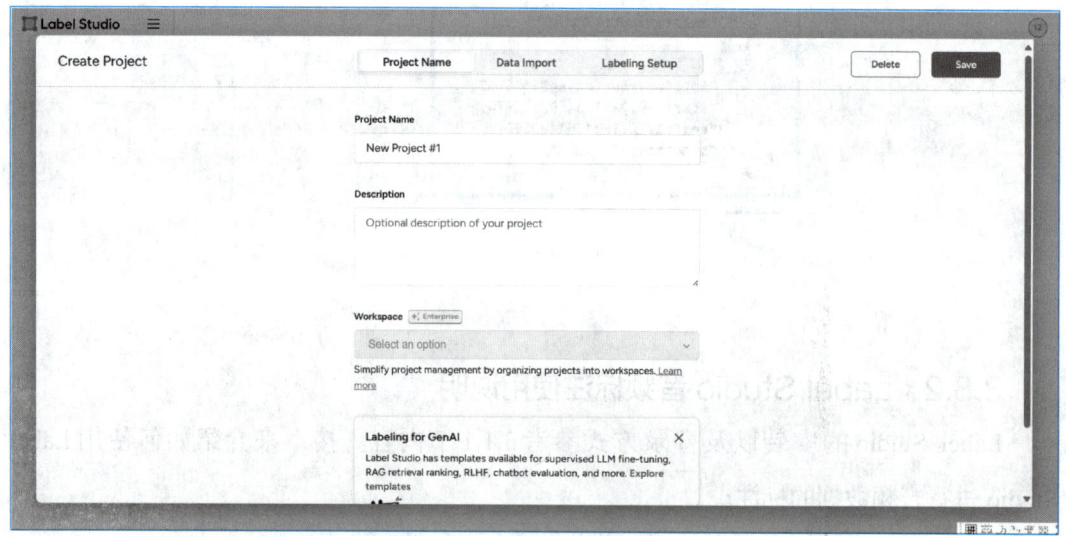

图 3-64　设置项目名称和项目描述

（3）单击 Data Import，进入数据导入界面，单击 Upload Files，从本地上传要标记的文件，如图 3-65 所示。

（4）选择好需要标注的文件后，单击确定，出现图 3-66 所示的界面。

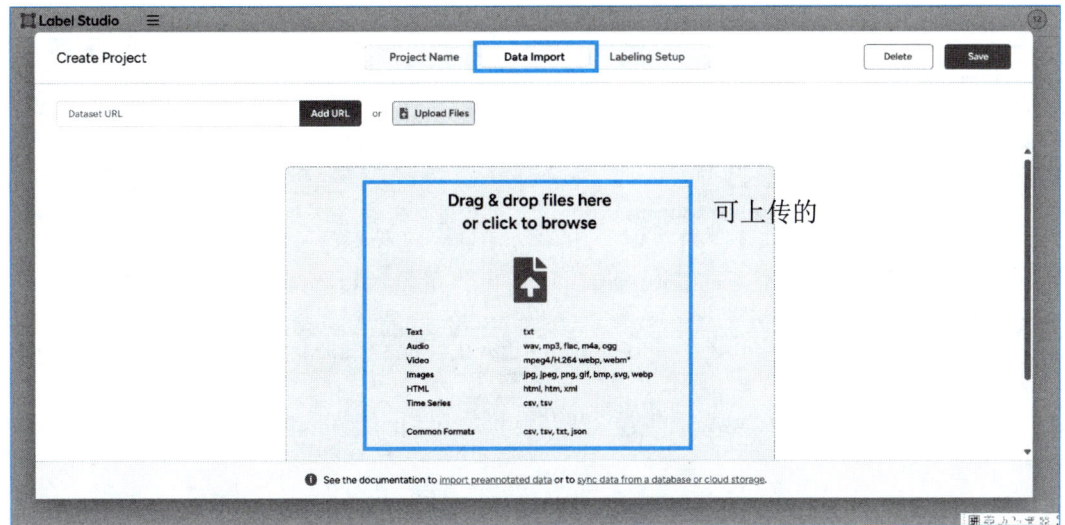

图 3-65　数据导入界面

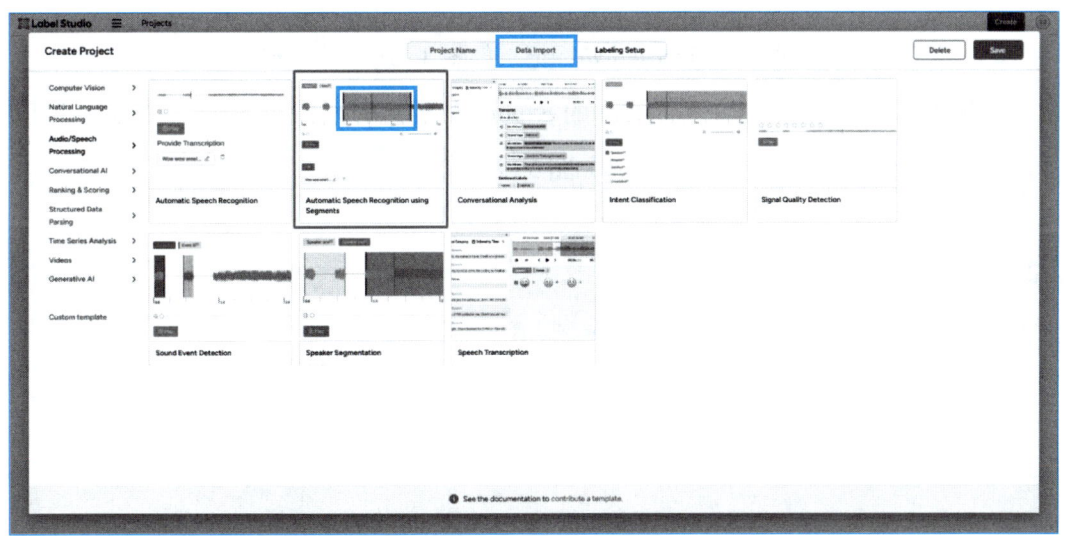

图 3-66　选择项目的标记类型

在 Audio/Speech 模块下选择项目的标记类型，此处示例选择"Segments 进行自动语音识别"，如图 3-66 和图 3-67 所示。

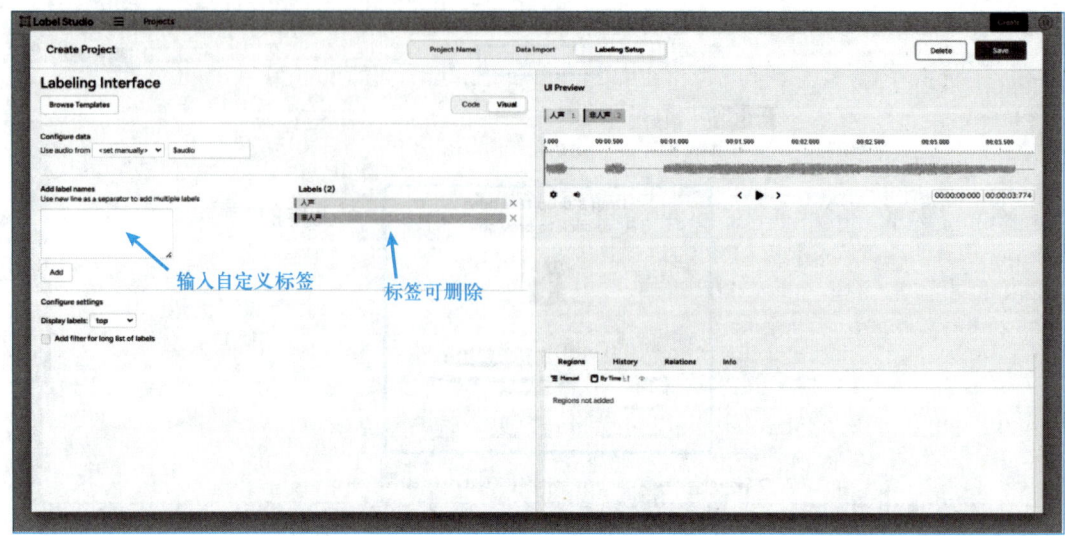

图 3-67　输入自定义标签

（5）保存后单击 Label As Tasks 开始标记，如图 3-68、图 3-69 所示。

音频数据标注完成后，单击右上角的 Export 按钮导出标注后的数据，如图 3-70 所示。导出时需要选择导出的文件格式，如图 3-71 所示。

图 3-68　开始标记

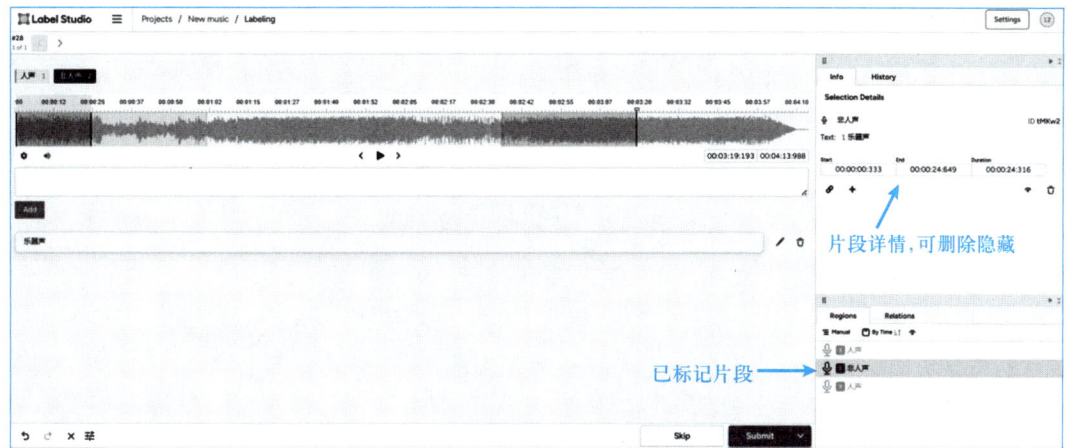

图 3-69　音频数据标注示例

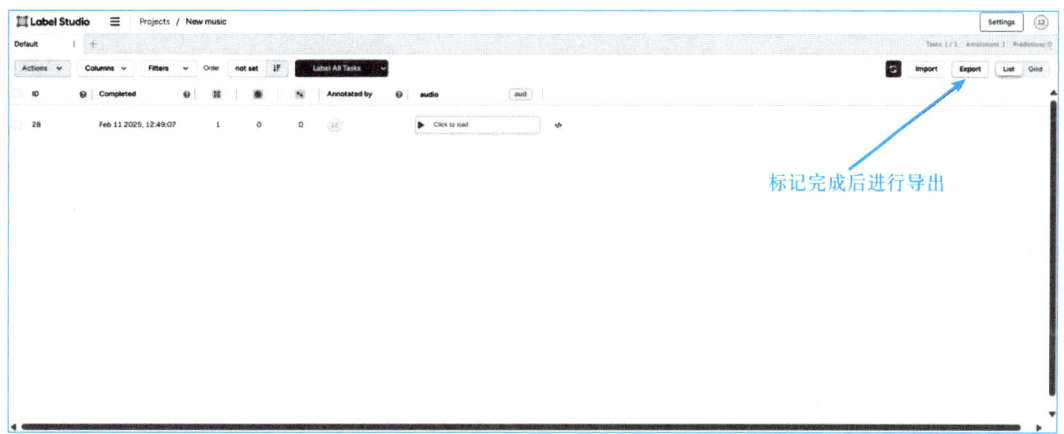

图 3-70　导出标记数据

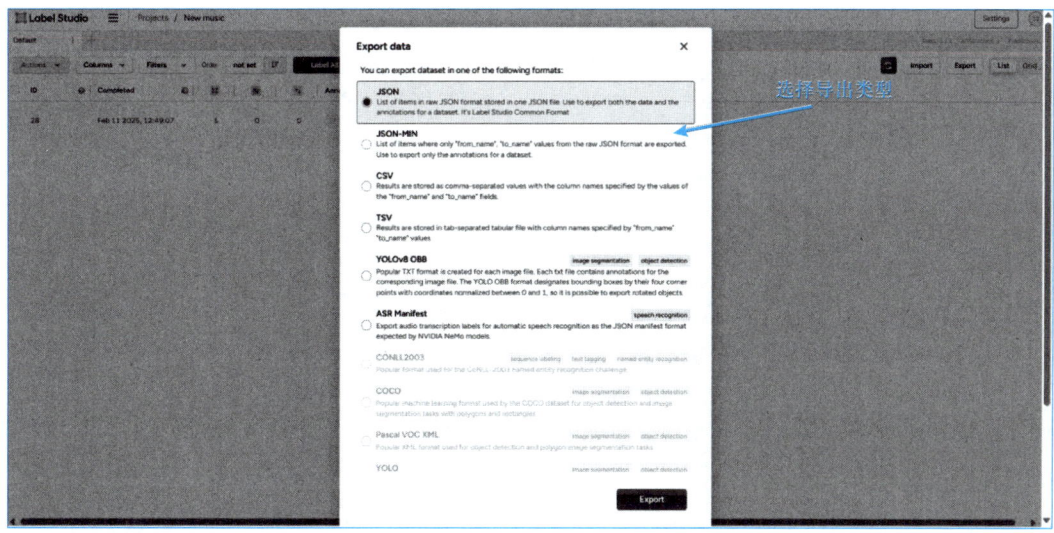

图 3-71　选择导出文件格式

第4章 数据处理

4.1 文本数据处理

4.1.1 文本数据的读取和保存

文本数据通常存储在多种格式中，如 .txt、.csv、.json 等。对于文本数据的读取和保存，常用的 Python 库包括 pandas、json、csv 等。这些库可以帮助我们读取文本文件、将文本数据转换为结构化或非结构化的数据格式，并在必要时将处理后的数据保存为新的文件。

- pandas：是一个广泛使用的数据分析库，支持读取和保存多种格式的数据（如 csv、excel、json 等）。

- json：是 Python 标准库之一，支持读取和保存 json 格式的数据。

- csv：是 Python 标准库之一，支持读取和保存 csv 格式的数据。

本节代码在以下环境测试通过：Python = 3.9，pandas = 2.2.3，nltk = 3.9.1。

1. txt 文件的读取和保存

可以使用 Python 的 open( ) 函数和 read、readline、readlines 方法读取 txt 文件。

（1）txt 文件读取

使用 read 方法，适用于读取整个文件内容到一个字符串中。

```python
with open('example.txt', 'r', encoding='utf-8') as file:
    content = file.read()
    print(content)
```

如果只想逐行读取文件，可以使用 readline 方法。这在处理大型文件或只想读取文件的特定部分时很有用。

```python
with open('example.txt', 'r', encoding='utf-8') as file:
```

```
for line in file:  # 这实际上隐式地使用了 file.readline() 在一个循环中
        print(line.strip())  # 使用 strip() 去除每行末尾的换行符
```

readlines 方法会读取文件中的所有行，并将它们作为字符串列表返回。每个字符串代表文件中的一行（包括换行符，如果有的话）。

```
with open('example.txt', 'r', encoding='utf-8') as file:
    lines = file.readlines()
    for line in lines:
        print(line.strip())
```

（2）txt 文件保存

在 Python 中，保存文本到 .txt 文件通常使用内置的 open( ) 函数，并以写入模式（'w'）或追加模式（'a'）打开文件，对打开的文件进行相应操作后使用 write 函数进行保存。

在写入模式（'w'）下，如果文件已经存在，它的内容会被新写入的内容覆盖。如果文件不存在，会创建一个新文件。

```
# 写入单行文本
with open('output.txt', 'w', encoding='utf-8') as file:
    file.write('这是一行文本。\n')


# 写入多行文本
lines = [
    '第一行文本。\n',
    '第二行文本。\n',
    '第三行文本。\n'
]
with open('output.txt', 'w', encoding='utf-8') as file:
    file.writelines(lines)
```

在追加模式（'a'）下，新写入的内容会被添加到文件的末尾，而不会覆盖文件原有的内容。

```
# 追加单行文本
with open('output.txt', 'a', encoding='utf-8') as file:
```

```
        file.write('这是追加的一行文本。\n')


# 追加多行文本
additional_lines = [
    '追加的第一行文本。\n',
    '追加的第二行文本。\n'
]
with open('output.txt', 'a', encoding='utf-8') as file:
    file.writelines(additional_lines)
```

2. json 文件的读取和保存

使用 Python 内置的 json 模块来进行 json 文件的读取和保存。

```
import json


with open('example.json', 'r', encoding='utf-8') as file:
    data = json.load(file)# 读取数据


print(f" 使用 json 读取的数据：\n{data}")


# 保存为新的 json 文件
with open('output_example.json', 'w', encoding='utf-8') as file:
    json.dump(data, file, ensure_ascii=False, indent=4)# 保存数据
print(f" 文本已保存到 {output_path}")
```

使用 indent 参数可以美化 json 输出，使其更易读。ensure_ascii = False 参数用于在输出中包含非 ASCII 字符（如中文）时避免转义。

3. csv 文件的读取和保存

（1）csv.reader 和 csv.writer。

要读取 csv 文件，可以使用 csv.reader 对象，它可以从任何迭代对象（通常是一个打开的文件对象）中读取 csv 行。

示例代码：

```
import csv

# 打开 csv 文件
with open('data.csv', newline='', encoding='utf-8') as csvfile:
    # 创建一个 csv.reader 对象
    csvreader = csv.reader(csvfile, delimiter=',', quotechar='"')

    # 读取 csv 文件的每一行
    for row in csvreader:
        print(row)  # row 是一个列表，包含当前行的所有字段
```

在这个例子中，newline='' 参数是为了防止在 Windows 平台上读取文件时，每行末尾出现额外的空行。encoding='utf-8' 参数确保文件以 UTF-8 编码读取，这对于包含非 ASCII 字符的文件尤其重要。

要写入 csv 文件，你可以使用 csv.writer 对象，它可以将行写入到任何迭代对象（通常是一个打开的文件对象）中，这些行将被格式化为 csv 格式。

示例代码

```
import csv

# 要写入 csv 文件的数据
data = [
    ['Name', 'Age', 'City'],
    ['Alice', 30, 'New York'],
    ['Bob', 25, 'Los Angeles'],
    ['Charlie', 35, 'Chicago']
]

# 打开 csv 文件以写入
with open('output.csv', 'w', newline='', encoding='utf-8') as csvfile:
    # 创建一个 csv.writer 对象
```

```
    csvwriter = csv.writer(csvfile, delimiter=',', quotechar='"',
quoting=csv.QUOTE_MINIMAL)


    # 写入数据到 csv 文件
    csvwriter.writerows(data)
```

在这个例子中，delimiter=',' 指定了字段之间的分隔符是逗号，quotechar='"' 指定了用于引用字段的字符是双引号，quoting=csv.QUOTE_MINIMAL 表示只有在字段包含特殊字符（如分隔符、引号字符或行终止符）时，才用引号将字段括起来。

（2）使用 DictReader 和 DictWriter。

如果你更喜欢以字典的形式处理 CSV 数据，csv 模块还提供了 DictReader 和 DictWriter 类。

DictReader 示例：

```
import csv


with open('data.csv', newline='', encoding='utf-8') as csvfile:
    reader = csv.DictReader(csvfile, fieldnames=['Name', 'Age', 'City'])
    for row in reader:
        print(row['Name'], row['Age'], row['City'])
```

在这个例子中，fieldnames 参数用于指定 csv 文件中的列名。如果 csv 文件的第一行是标题行，你可以省略 fieldnames 参数，DictReader 会自动使用标题行作为字段名。

DictWriter 示例：

```
import csv


data = [
    {'Name': 'Alice', 'Age': 30, 'City': 'New York'},
    {'Name': 'Bob', 'Age': 25, 'City': 'Los Angeles'},
    {'Name': 'Charlie', 'Age': 35, 'City': 'Chicago'}
]
```

```
with open('output.csv', 'w', newline='', encoding='utf-8') as csvfile:
    fieldnames = ['Name', 'Age', 'City']
    writer = csv.DictWriter(csvfile, fieldnames=fieldnames)


    writer.writeheader()        # 写入标题行
    writer.writerows(data)      # 写入数据行
```

在这个例子中，writeheader( )方法用于写入包含字段名的标题行，writerows( )方法用于写入数据行。

4. excel 文件的读取和保存

可以使用 pandas 库来对 excel 文件进行读取和保存，需要先安装 pandas 库以及它的依赖项 openpyxl（用于处理 .xlsx 文件）或 xlrd（用于处理较旧的 .xls 文件）。激活对应环境后，使用以下命令进行安装：

pandas 库：

```
conda install pandas
```

openpyxl 库：

```
conda install openpyxl
```

xlrd 库：

```
conda install xlrd
```

可以使用 pandas.read_excel( )函数来读取 excel 文件：

```
import pandas as pd


# 读取 Excel 文件
df = pd.read_excel('data.xlsx', sheet_name='Sheet1')  # 默认读取第一个工作表


# 显示前几行数据
print(df.head())
```

在这个例子中，sheet_name 参数指定了要读取的工作表名称或索引。如果不指定，read_excel( )将默认读取第一个工作表。

要将 pandas DataFrame 保存到 excel 文件中，你可以使用 DataFrame.to_excel( )方法。

```
# 创建一个示例 DataFrame
data = {
    'Name': ['Alice', 'Bob', 'Charlie'],
    'Age': [30, 25, 35],
    'City': ['New York', 'Los Angeles', 'Chicago']
}
df = pd.DataFrame(data)


# 将 DataFrame 保存到 Excel 文件
df.to_excel('output.xlsx', index=False, sheet_name='Sheet1')
```

在这个例子中，index＝False 参数表示不将 DataFrame 的索引写入到 excel 文件中。sheet_name 参数指定了要写入的工作表名称。

注意事项：

文件路径：确保提供的文件路径是正确的，并且 Python 进程有权限访问该路径。

工作表名称：如果指定的工作表名称不存在，pandas 将创建一个新的工作表。如果工作表名称已存在且 mode 参数未设置为 'a'（追加模式），则原有数据将被覆盖。

编码和格式：pandas 在处理 excel 文件时通常不需要指定编码，因为它使用二进制格式来读取和写入文件。但是，你可以通过 engine 参数指定要使用的底层引擎（如 openpyxl 或 xlsxwriter），这些引擎可能提供额外的格式化和选项。

异常处理：使用 try-except 块来捕获和处理可能发生的异常，如 FileNotFoundError、PermissionError 或 ValueError（当提供的数据与 Excel 格式不兼容时）。

4.1.2　文本数据处理

文本数据处理是自然语言处理（NLP）中的重要步骤。常见的处理方法包括：文本清洗、分词、词干提取和词形还原、去除停用词、词向量化、词性标注和命名实体识别、关键词提取等操作。通常使用 nltk 库来实现，可以在激活对应环境后，使用以下命令安装 nltk 库：

```
conda install nltk
```

第一次使用时，需要在 Python 文件中使用下面的代码下载 nltk 库的资源，包括分词模型、停用词等：

```
import nltk
nltk.download()
```

1. 文本清洗

我们可以利用 re（正则表达式）和 nltk 去除停用词、标点符号和 HTML 标签，保持文本的纯净性。

```
import re
from nltk.corpus import stopwords
from nltk.tokenize import word_tokenize


def clean_text(text):
    """
    文本清洗：去除 HTML 标签、标点符号、停用词等
    """
    stop_words = set(stopwords.words('english'))
    # 去除 HTML 标签
    text = re.sub(r'<.*?>', '', text)
    # 去除标点符号和特殊字符
    text = re.sub(r'[^\w\s]', '', text)
    # 转换为小写并分词
    words = word_tokenize(text.lower())
# 去除停用词和单个字符
# 移除多余空格
text = re.sub(r'\s+', '', text).strip()
    filtered_words = [word for word in words if word not in stop_words and len(word) > 1]
    return ''.join(filtered_words)


# 示例输入
```

```
text = "This is <b>a test</b> example!!! Let's clean it up."
cleaned_text = clean_text(text)
print("\n【文本清洗后】:\n", cleaned_text)
```

2. 分词

分词是将文本拆分成句子或单词，生成更易于处理的格式，便于模型处理。

我们可以利用 nltk 库的 sent_tokenize 和 word_tokenize 方法来实现。

```
from nltk.tokenize import sent_tokenize, word_tokenize


def text_to_sentences(text):
    """ 转换为句子列表 """
    return sent_tokenize(text)


def tokenize_words(text):
    """ 转换为单词列表 """
    return word_tokenize(text)


# 示例输入
text = "I love programming. It is very interesting."
sentences = text_to_sentences(text)
words = tokenize_words(text)


print("\n【分句】:\n", sentences)
print("\n【分词】:\n", words)
```

3. 词干提取和词形还原

词干提取可以去除词缀，词形还原可以将不同形式的单词转换为基础形式。

```
from nltk.stem import PorterStemmer, WordNetLemmatizer


def stem_and_lemmatize(text):
    stemmer = PorterStemmer()
```

```
    lemmatizer = WordNetLemmatizer()

    words = word_tokenize(text)

    # 词干提取

    stemmed_words = [stemmer.stem(word) for word in words]

    # 词形还原

    lemmatized_words = [lemmatizer.lemmatize(word) for word in words]

    return stemmed_words, lemmatized_words


# 示例输入

text = "Running flies better than swimming."

stemmed, lemmatized = stem_and_lemmatize(text)

print("\n【词干提取】:\n", stemmed)

print("\n【词形还原】:\n", lemmatized)
```

4. 去除停用词

去除常见但对任务无实质贡献的单词（如"的""是""and"）。

利用 nltk.corpus.stopwords 去除常见的无意义单词。

```
def remove_stopwords(text):

    # 加载英文停用词表

stop_words = set(stopwords.words('english'))

  # 将文本分词

words = word_tokenize(text)

# 过滤掉停用词

    filtered_words = [word for word in words if word not in stop_
words]

    return ''.join(filtered_words)


# 示例输入

text = "This is a simple example to remove stopwords."

filtered_text = remove_stopwords(text)
```

```
print("\n【去除停用词】:\n", filtered_text)
```

5. 词向量化

将文本转换为向量表示，以便用于模型训练。

```
from sklearn.feature_extraction.text import TfidfVectorizer


def vectorize_text(text):
 # 创建 TF-IDF 向量化器
vectorizer = TfidfVectorizer()
# 训练并转换文本
    vectors = vectorizer.fit_transform([text])
    return vectorizer.get_feature_names_out(), vectors.toarray()


# 示例输入
text = "Machine learning is amazing. Machine learning helps solve
problems."
features, vectors = vectorize_text(text)
print("\n【词向量化】:\n", features)
print("\n【向量表示】:\n", vectors)
```

6. 词性标注和命名实体识别

对文本中的词汇进行词性标注，并识别命名实体（如人名、地名等），帮助理解语法结构。

使用 nltk 的 pos_tag 方法对每个单词进行词性标注。

```
import nltk


def pos_tagging(text):
    # 将文本拆分成单词
    words = word_tokenize(text)
    # 使用 nltk 的 pos_tag 方法对每个单词进行词性标注
    return nltk.pos_tag(words)
```

```python
# 示例输入
text = "I am learning Python."
pos_tags = pos_tagging(text)
print("\n【词性标注】:\n", pos_tags)
```

使用 spacy 可以提取文本中的实体并进行识别。

```python
import spacy


nlp = spacy.load("en_core_web_sm")


def named_entity_recognition(text):


    # 使用 spacy 处理文本
    doc = nlp(text)
    # 提取实体文本和实体标签
    return [(ent.text, ent.label_) for ent in doc.ents]


# 示例输入
text = "Google was founded in 1998 by Larry Page and Sergey Brin."
entities = named_entity_recognition(text)
print("\n【命名实体识别】:\n", entities)
```

7. 关键词提取

从文本中提取最具代表性的关键词，以突出文本主题。

使用 TF-IDF 方法提取文本中的高频关键词。TF-IDF（term frequency-inverse document frequency）是一种用于信息检索与数据挖掘的常用加权技术。

```python
from sklearn.feature_extraction.text import TfidfVectorizer


def extract_keywords(text, top_n=5):
```

```
# 创建 TF-IDF 向量器，忽略英文停用词
vectorizer = TfidfVectorizer(stop_words='english')
# 转换文本为向量
    X = vectorizer.fit_transform([text])
    # 生成关键词及其对应的权重
    keywords = [(word, X[0, idx]) for word, idx in vectorizer.vocabulary_.
            items()]
    # 按权重降序排序，提取前 top_n 个关键词
    return sorted(keywords, key=lambda x: x[1], reverse=True)[:top_n]


# 示例输入
text = "Machine learning is amazing. Machine learning helps solve
problems."
keywords = extract_keywords(text)
print("\n【关键词提取】:\n", keywords)
```

8. 情感分析

判断文本的情感倾向（正面、负面或中性）。

使用 VADER 方法分析文本的情感倾向。VADER（Valence Aware Dictionary Entiment Reasoner）是一种基于规则的文本情感分析工具。

```
from nltk.sentiment import SentimentIntensityAnalyzer


def sentiment_analysis(text):
    # 创建情感分析器
    sia = SentimentIntensityAnalyzer()
    # 获取文本的情感分数
    return sia.polarity_scores(text)


# 示例输入
text = "I love this product! It's amazing."
```

```
sentiment_scores = sentiment_analysis(text)
print("\n【情感分析】:\n", sentiment_scores)
```

9. 文本摘要

提取文本的关键信息，生成简要摘要。

使用 gensim 的 TextRank 算法提取文本摘要。TextRank 一种基于图排序的自然语言处理算法，主要用于关键词提取和文本摘要。

```
from gensim.summarization import summarize

def text_summarization(text):
    try:
        # ratio=0.3 表示保留原文 30% 的内容作为摘要
        return summarize(text, ratio=0.3)
    except:
        return " 文本过短，无法生成摘要 "

# 示例输入
text = "Machine learning is a method of data analysis that automates
        analytical model building."
summary = text_summarization(text)
print("\n【文本摘要】:\n", summary)
```

10. 依存句法分析

依存句法分析（dependency parsing）用于分析句子内部的语法结构，建立单词之间的关系。依存关系是用来表示单词之间的语法依赖。句法树是将句子中的词汇作为节点，依存关系作为连接边。

示例代码如下：

```
import spacy

# 加载英文模型
nlp = spacy.load("en_core_web_sm")
```

```python
def dependency_parsing(text):

    # 将文本转换为 spacy 的 doc 对象
    doc = nlp(text)

    # 提取每个单词及其依存关系
    dependencies = [
        (token.text,            # 当前单词
         token.dep_,            # 依存关系标签
         token.head.text)       # 当前单词的父节点（即依赖目标）
        for token in doc
    ]

    return dependencies


# 示例输入
text = "The quick brown fox jumps over the lazy dog."
dependencies = dependency_parsing(text)
# 输出依存关系
print("\n【依存句法分析】:")
for token, dep, head in dependencies:
    print(f"单词：{token} | 依存关系：{dep} | 依赖于：{head}")
```

11. 文本相似度计算

基于语义或词汇的相似性，计算不同文本之间的相似度。

使用 **spacy** 的词向量方法，可以计算文本之间的相似度。

```python
def text_similarity(text1, text2):

    doc1, doc2 = nlp(text1), nlp(text2)
```

```
# 使用 spacy 的 similarity 方法比较两个文本的语义相似度
return doc1.similarity(doc2)


# 示例输入
text1 = "I like deep learning."
text2 = "Deep learning is a type of machine learning."
similarity = text_similarity(text1, text2)
print("\n【文本相似度】:\n", similarity)
```

本节涵盖了文本数据的读取、保存以及一些常见的数据处理方法，包括文本清洗、分词、词形还原、去除停用词和词向量化等。通过不同的技术手段，可以有效地对文本数据进行预处理，为后续的文本分析和特征提取打下基础。

4.2 图像数据处理

4.2.1 图像与视频数据的读取和保存

图像与视频数据的读取和保存是计算机视觉和图像处理领域的基本操作，也是图像数据处理的基础。

处理图像与视频数据常用的 Python 库主要包括 opencv、pillow（PIL）、scikit-image 等。

（1）opencv（open source computer vision library）：开源计算机视觉库，是一个功能强大且广泛应用的计算机视觉和机器学习软件库。它提供了丰富的图像处理功能，包括图像增强、滤波、边缘检测等，以及对象检测、特征提取等高级视觉任务。此外，opencv 还支持基于深度学习的视觉应用，为用户提供了大量的预训练模型和算法。该库的一个显著特点是其高效性。opencv 实现了大量经过优化的算法，能够在各种硬件平台上实现快速处理，特别适用于实时应用，如视频监控和自动驾驶等。同时，opencv 具有跨平台性，能够在 Windows、Linux、macOS 等多种操作系统上运行，为用户提供了极大的灵活性。同时 opencv 为 Python 等多种编程语言提供了广泛支持。

（2）pillow：作为 Python Imaging Library（PIL）的一个友好且功能强大的分支，为数字图像处理提供了全面的工具和函数。它允许用户轻松地打开、调整大小、裁剪图像，并支持将图像保存为多种格式，如 jpeg、png、bmp 等。pillow 的 API 设计简单直观，配合详尽的文档，使得初学者也能迅速上手，进行图像的基本操作和处理。

（3）scikit-image：一个专注于图像处理技术的高效实现库，它基于 numpy 和 scipy 这两个强大的科学计算库构建，并与它们无缝集成，为图像处理提供了坚实的基础。该库涵盖了广泛的图像处理功能，包括滤波、图像分割、特征提取以及形态学操作等，这些都是进行高级图像处理和分析所必需的关键技术。此外，scikit-image 还支持处理多维图像，使其特别适用于视频处理、医学成像以及其他需要处理复杂图像数据的领域。

接下来以 opencv 库为例，来介绍图像与视频数据的处理方法。本节代码在以下环境测试通过：Python = 3.9，opencv = 4.10.0。

1. 图像数据的读取与保存

opencv 使用 cv2.imread（filepath，flags）函数读取图像，读取成功时返回一个 numpy 数组，图像数据的通道顺序为 BGR；失败时，返回 none。函数具体参数含义如下。

（1）filepath：字符串，表示要读取的图像文件的路径。

（2）flags：可选参数，用于指定读取图像的方式。常用的标志包括以下几个。

① cv2.IMREAD_COLOR：以彩色图像的方式读取（默认）。

② cv2.IMREAD_GRAYSCALE：以灰度图像的方式读取。

③ cv2.IMREAD_UNCHANGED：包括图像的 alpha 通道（如果有的话）。

opencv 使用 cv2.imwrite(filename, img, params = None) 函数保存图像，接收文件路径和要保存的图像数组作为参数。参数具体含义如下：

（1）filename：字符串类型，表示要保存的文件名和路径。文件名应该包含扩展名（如 .png，.jpg，.jpeg，.bmp 等），这决定了图像将以何种格式保存。

（2）img：要保存的图像，通常是一个 numpy 数组。

（3）params：可选参数，用于指定特定格式的保存参数。例如，对于 jpeg，你可以指定图像质量（从 0 到 100 的整数），对于 png，可以指定压缩级别等。如果不需要特定参数，可以省略此参数。

代码示例：

```
import cv2
```

```
img = cv2.imread("E://lena_color.bmp") # 替换为实际的图像文件路径
# 检查是否成功加载图像
if img is None:
    print(" 无法读取图片，请检查路径是否正确 ")
    exit()
# 显示图像
cv2.imshow('Image', img)
cv2.waitKey(0)  # 等待用户按键
cv2.destroyAllWindows()  # 关闭所有窗口
# 保存处理后的图像（这里只是简单地翻转）
flipped_image = cv2.flip(img, 1)  # 1 表示沿 y 轴翻转
cv2.imwrite('flipped_image.jpg', flipped_image)
```

2. 视频数据的读取与保存

（1）视频读取。

OpenCV 提供了 cv2.VideoCapture( ) 函数来读取视频文件或实时视频流。

```
cv2.VideoCapture(index=0)      # 从摄像头捕获视频
cv2.VideoCapture(filename)     # 从视频文件捕获视频
```

参数具体含义如下：

① index：整数，表示摄像头的索引号。通常，计算机的内置摄像头索引为 0，如果有多个外接摄像头，它们的索引号会依次增加（1，2，…）。注意，这个索引号可能因系统和摄像头的连接顺序而异。

② filename：字符串，表示视频文件的路径。你可以指定本地视频文件的完整路径，或者网络上的视频流 URL。

代码示例如下：

```
import cv2


# 打开摄像头（索引为 0）
cap = cv2.VideoCapture(0)
```

```
if not cap.isOpened():
    print("Error: Could not open camera")
    exit()


while True:
    # 逐帧捕获视频
    ret, frame = cap.read()

    if not ret:
        print("Failed to grab frame")
        break

    # 显示捕获的帧
    cv2.imshow('Frame', frame)

    # 按 'q' 键退出循环
    if cv2.waitKey(1) & 0xFF == ord('q'):
        break


# 释放视频捕获对象并关闭所有窗口
cap.release()
cv2.destroyAllWindows()
```

（2）视频保存。

opencv 中保存视频需要使用 **cv2.VideoWriter( )** 类，该类接收输出文件路径、四元组（表示帧宽度、高度、帧率和编码格式）以及是否彩色视频等参数，返回一个视频写入对象。可以使用这个对象的 **write( )** 方法将图像帧写入视频文件。

函数原型如下：

```
cv2.VideoWriter(filename, fourcc, fps, frameSize, isColor=True)
```

参数具体含义如下：

① filename：字符串，表示要创建的视频文件的名称和路径。

② fourcc：一个指定视频编解码器的四字符代码（four-character code）。在 OpenCV 中，可以使用 cv2.VideoWriter_fourcc（*'XVID'）来指定 XVID 编解码器，或者使用其他支持的编解码器。

③ fps：浮点数或整数，表示视频的帧率（每秒显示的帧数）。

④ frameSize：元组，表示视频帧的大小（宽度，高度）。

⑤ isColor：布尔值，表示视频是否为彩色。如果是彩色视频，则为 True；如果是灰度视频，则为 False。

代码示例如下：

```
import cv2
import numpy as np


# 设置视频参数
filename = 'output.avi'
fourcc = cv2.VideoWriter_fourcc(*'XVID')  # 使用 XVID 编解码器
fps = 20.0  # 帧率
frameSize = (640, 480)  # 帧大小（宽度，高度）
isColor = True  # 彩色视频


# 创建 VideoWriter 对象
out = cv2.VideoWriter(filename, fourcc, fps, frameSize, isColor)


# 生成一些示例帧（这里使用随机噪声作为示例）
for i in range(100):
    # 创建一个随机噪声图像帧
    frame = np.random.randint(0, 256, (480, 640, 3), dtype=np.uint8)

    # 将帧写入视频文件
    out.write(frame)
```

```
# 释放 VideoWriter 对象
out.release()
```

4.2.2　图像数据处理

由于视频实际上是图像序列，基本的视频处理方法依赖于视频帧的处理，也就是图像的处理，所以本节只介绍图像数据的基本处理方法。

常见的图像数据处理方法包括：图像的缩放、旋转、错切、对比度拉伸、直方图均衡、去噪、边缘提取、分割、形态学滤波等操作。

1. 图像缩放

示例代码如下：

```
import cv2

src=cv2.imread('E:\\lena_color.bmp')

# 输入新图像的宽和高
new_width=int(input("Please input the new width:"))
new_height=int(input("Please input the new height:"))

# 图像尺寸变换
dst=cv2.resize(src,(new_width,new_height),interpolation=cv2.
INTER_LINEAR);

cv2.imshow("original",src)
cv2.imshow("output",dst)
cv2.waitKey(0);
```

函数说明：

```
dst=cv2.resize(src,dsize,fx,fy,interpolation)
```

参数详情如下。

（1）src：输入图像，通常是使用 cv2.imread( ) 加载的图像。

（2）dsize：输出图像的大小。如果这个参数为 0，那么它将通过下面的 fx 和 fy 参数来确定。

（3）fx：沿水平方向的缩放比例。

（4）fy：沿垂直方向的缩放比例。

如果 fx = 0.4，fy = 0.6，则将原图片的 x 轴缩小为原来的 0.4，将 y 轴缩小为原来的 0.6。注意：如果要使用 fx、fy 缩放图像、输出图像的大小 dsize 填写（0，0）。

（5）interpolation：用于图像缩放的插值方法。以下是一些常用的插值方法。

① cv2.INTER_NEAREST：最近邻插值。

② cv2.INTER_LINEAR：双线性插值（默认值）。

③ cv2.INTER_AREA：使用像素区域关系进行重采样（适合缩小图像）。

④ cv2.INTER_CUBIC：双三次插值（适用于放大图像）。

⑤ cv2.INTER_LANCZOS4：Lanczos 插值（适用于放大图像）。

2. 图像旋转

示例代码如下：

```python
import cv2
import numpy as np


def rotate_bound(src, angle):
    # 获取图像分辨率并确定旋转中心
    (h, w) = src.shape[:2]
    (cX, cY) = (w // 2, h // 2)

    # 计算旋转矩阵
    M = cv2.getRotationMatrix2D((cX, cY), -angle, 1.0)
    cos = np.abs(M[0, 0])
    sin = np.abs(M[0, 1])

    # 计算旋转后画布的大小
```

```
nW = int((h * sin) + (w * cos))

nH = int((h * cos) + (w * sin))


# 计算平移量

M[0, 2] += (nW / 2) - cX

M[1, 2] += (nH / 2) - cY


# 使用仿射变换实现图像旋转

rot=cv2.warpAffine(src, M, (nW, nH))


return rot


if __name__ == '__main__':


img=cv2.imread('E:\\flower.jpg')

angle=int(input("Please input rotation angle:"));

rot=rotate_bound(img,angle)

cv2.imshow('original',img)

cv2.imshow('output', rot)

cv2.waitKey(0)
```

函数说明：

dst=cv2.warpAffine(img,M,size,flags,borderMode,borderValue)

参数详情如下：

（1）img：输入图像，可以是灰度图像或彩色图像。

（2）M：一个 2×3 的变换矩阵，用于定义仿射变换。

（3）size：输出图像的大小，格式为（width，height）。

（4）flags：插值方法标志，用于确定如何计算输出图像的像素值。常见的插值方法包括以下几种。

① cv2.INTER_NEAREST：最近邻插值。

② cv2.INTER_LINEAR：双线性插值（默认值）。

③ cv2.INTER_AREA：使用像素区域关系进行重采样。

④ cv2.INTER_CUBIC：双三次插值。

⑤ cv2.INTER_LANCZOS4：Lanczos 插值。

（5）borderMode：边界模式，用于处理边界外的像素。默认值为 cv2.BORDER_CONSTANT。其他选项包括以下几个。

① cv2.BORDER_REPLICATE：复制边界像素。

② cv2.BORDER_REFLECT：反射边界像素。

③ cv2.BORDER_REFLECT101：反射边界像素，不包括边缘。

④ cv2.BORDER_WRAP：包裹模式。

（6）borderValue：当 borderMode 为 cv2.BORDER_CONSTANT 时，用于填充边界外的像素的值。默认值为（0，0，0），对于灰度图像是单一值，对于彩色图像是三个值。

borderValue 为边界填充值；默认情况下为 0。

其中，M 作为仿射变换矩阵，一般反映平移或旋转的关系，为 InputArray 类型的 2×3 的矩阵，根据 M 的不同，可以实现图像的缩放、错切、平移、镜像、旋转。

3. 图像错切

示例代码如下：

```python
import cv2
import numpy as np
import math


def shear_h(src, angle):
    # 水平错切
    (rows, cols) = src.shape[:2]
    ratio=math.tan(math.pi*angle/180)

    pts1=np.float32([[0,0],[0, rows],[cols, 0]])

    if angle>0:
```

```
            pts2=np.float32([[rows*ratio, 0],[0, rows],[cols + rows*ratio, 0]])
    else:
        pts2=np.float32([[0, 0],[rows*(-ratio), rows],[cols, 0]])


    M=cv2.getAffineTransform(pts1,pts2)


    dst_cols = int(cols + rows*math.fabs(ratio));
    dst_rows = rows;
    dst=cv2.warpAffine(img,M,(dst_cols,dst_rows))


    return dst


def shear_v(src, angle):
    # 垂直错切
    (rows, cols) = src.shape[:2]
    ratio=math.tan(math.pi*angle/180)


    pts1=np.float32([[0,0],[0, rows],[cols, 0]])


    if angle>0:
        pts2=np.float32([[0,0],[0, rows],[cols, cols*ratio]])
    else:
        pts2=np.float32([[0, cols*(-ratio)],[0, rows+cols*
                        (-ratio)],[cols, 0]])


    M=cv2.getAffineTransform(pts1,pts2)


    dst_cols = cols;
    dst_rows = int(rows+cols*math.fabs(ratio));
```

```
    dst=cv2.warpAffine(img,M,(dst_cols,dst_rows))

    return dst


if __name__ == '__main__':
    img=cv2.imread('E:\\flower.jpg')
    angle=int(input("Please input shear angle:"));
    dst_h=shear_h(img,angle)
    dst_v=shear_v(img,angle)
    cv2.imshow('original',img)
    cv2.imshow('output-h', dst_h)
    cv2.imshow('output-v', dst_v)
    cv2.waitKey(0)
```

参考旋转的函数说明。

4. 对比度拉伸

示例代码如下：

```
import cv2


# 线性对比度拉伸
def LCA(src, a, b, ga, gb):
    (rows, cols) = src.shape[:2]
    dst=src.copy();
    for i in range( 0,rows):
        for j in range(0, cols):
            tmp = src[i, j];
            if tmp<a:
```

```
                        dst[i, j] = tmp*ga/a;
                elif tmp<b:
                    dst[i, j] = int((tmp − a)*(gb−ga)/(b − a)+ga);
                else:
                    dst[i, j] = int((tmp − b)*(255−gb)/(255−b)+gb);
    return dst


if __name__ == '__main__':
    img=cv2.imread('E:\\lena_gray.bmp',0)
    dst=LCA(img,50,80,10,150);
    cv2.imshow('original',img)
    cv2.imshow('output', dst)
    cv2.imwrite("result.jpg",dst)
    cv2.waitKey(0)
```

代码说明：通过对图像像素的遍历来实现对比度拉伸。

5. 直方图均衡

示例代码如下：

```
import cv2
img=cv2.imread('E:\\lena_gray.bmp',0)#读取成灰度图像
dst=cv2.equalizeHist(img);
cv2.imwrite("result.jpg",dst)
cv2.imshow('original',img)
cv2.imshow('output', dst)
cv2.waitKey(0)
```

函数说明：

```
dst=cv2.equalizeHist(src)
```

参数详情如下。

src：输入图像，必须是灰度图像。如果输入图像是彩色图像，需要先将其转换为灰度图像。

6. 图像去噪

示例代码如下：

```
import cv2

src=cv2.imread('E:\\g_noise.bmp',0)

dst_mean=cv2.blur(src,(3,3))#均值滤波
dst_median=cv2.medianBlur(src,5);#中值滤波

cv2.imshow("original",src)
cv2.imshow("mean filter",dst_mean)
cv2.imshow("median filter",dst_mean)
cv2.waitKey(0);
```

函数说明：

（1）均值滤波

```
dst = cv2.blur(src, ksize, dst=None, anchor=None, borderType=None)
```

参数详情如下。

① src：输入图像，可以是灰度图像或者彩色图像。

② ksize：滤波核的大小。核的大小由宽度和高度指定，它们都必须为正奇数。

③ dst：输出图像，可以是一个预先分配的图像，如果不指定，则函数会自动分配。

④ anchor：锚点位置，默认值为 [-1, -1]，表示锚点位于核中心。

⑤ borderType：边界类型，用于处理图像边界，默认值为 cv2.BORDER_DEFAULT。

（2）中值滤波

```
dst = cv2.medianBlur(src, ksize)#中值滤波
```

参数详情如下。

① src：输入图像，可以是灰度图像或者彩色图像。

② ksize：滤波核的大小，它必须为大于 1 的正奇数。滤波核的大小决定了邻域的大小，即考虑多少个周围的像素来计算中值。

7. 边缘提取

示例代码如下：

```
import cv2

img = cv2.imread("E:\\lena_gray.bmp", 0)

x = cv2.Sobel(img, cv2.CV_16S, 1, 0)#
y = cv2.Sobel(img, cv2.CV_16S, 0, 1)

absX = cv2.convertScaleAbs(x) # 转回 unit8
absY = cv2.convertScaleAbs(y)

dst = cv2.addWeighted(absX, 0.5, absY, 0.5, 0)

cv2.imshow('original',img)
cv2.imshow("absX", absX)
cv2.imshow("absY", absY)
cv2.imshow("Sobel", dst)

cv2.waitKey(0)
cv2.destroyAllWindows()
```

函数说明：

```
dst= cv2.Sobel(Mat src, int ddepth, int dx, int dy, int ksize = 3, double
scale = 1, double delta = 0, int borderType = BorderTypes.Default)
```

参数详情如下。

（1）src：输入图像，通常为灰度图像。它是一个二维矩阵，包含图像的像素值。

（2）ddepth：输出图像的深度（即数据类型）。常用的深度有以下几种。

① cv2.CV_8U：8 位无符号整数（用于存储图像数据）。

② cv2.CV_16S：16 位有符号整数（常用于表示梯度值）。

③ cv2.CV_32F：32 位浮动数据类型（当需要更高精度时使用）。

④ cv2.CV_64F：64 位浮动数据类型（当需要更高精度时使用）。

（3）dx：水平方向的导数阶数。对于水平梯度，dx＝1，表示对水平方向求梯度；dx＝0 表示没有水平方向的导数（仅计算垂直梯度）。

（4）dy：垂直方向的导数阶数。对于垂直梯度，dy＝1，表示对垂直方向求梯度；dy＝0 表示没有垂直方向的导数（仅计算水平梯度）。

（5）ksize：Sobel 核的大小。常用的值是 1、3、5 和 7。核越大，边缘检测效果越平滑，但计算量也更大。

（6）scale：缩放因子，用于调整计算结果的尺度。若不需要调整，可以使用默认值1。例如，可以用它来控制梯度的幅值。

（7）delta：在最终结果上加上的一个常数偏移量。通常为 0，如果需要，可以通过调整它来进一步控制梯度输出的数值范围。

（8）borderType：图像边界处理方式。用于指定如何处理图像边界区域（当卷积核跨越边界时）。常用的边界类型包括 BorderTypes.Default，BorderTypes.Replicate，BorderTypes.Constant 等。

8. 图像分割

示例代码如下：

```
import cv2


src=cv2.imread('E:\\lena_color.bmp',0)
# 固定阈值分割
ret,seg=cv2.threshold(src,100,255,cv2.THRESH_BINARY);
# 自适应阈值
dst =
cv2.adaptiveThreshold(src,255,cv2.ADAPTIVE_THRESH_MEAN_C,
cv2.THRESH_BINARY,11,2);
cv2.imshow("original",src)
cv2.imshow("output",seg)
cv2.imshow("output2",dst)
```

```
cv2.waitKey(0);
```

函数说明：

（1）全局阈值分割。

```
ret, img = cv2.threshold(img, threshold, maxval, type)
```

参数详情如下。

① src：源图像，必须是单通道灰度图像。

② thresh：阈值，用于确定像素是否应该被视为前景或背景。

③ maxval：二值化操作中使用的最大值，通常设为 255。

④ type：阈值类型，定义了多种二值化方法，包括以下几种。

cv2.THRESH_BINARY：简单二值化。

cv2.THRESH_BINARY_INV：反向二值化。

cv2.THRESH_TRUNC：截断二值化，所有高于阈值的像素被设为阈值。

cv2.THRESH_TOZERO：高于阈值的像素被设为 0。

cv2.THRESH_TOZERO_INV：低于阈值的像素被设为 0。

cv2.THRESH_OTSU：使用 Otsu's 方法自动确定阈值。

cv2.THRESH_TRIANGLE：使用三角方法自动确定阈值。

返回值：

ret：返回的阈值，对于自动阈值方法（如 cv2.THRESH_OTSU），返回计算得到的阈值。

dst：二值化后的图像。

（2）动态阈值分割。

```
dst = cv.adaptiveThreshold( src, maxValue, adaptiveMethod, thresholdType,
blockSize, C )
```

参数详情如下。

① src：表示要进行处理的原始图像。注意，该图像必须是 8 位单通道的图像。

② maxValue：表示最大值。

③ adaptiveMethod：表示自适应方法，可选参数如以下两个。

cv2.ADAPTIVE_THRESH_MEAN_C：邻域所有像素点的权重值是一致的。

cv2.ADAPTIVE_THRESH_GAUSSIAN_C：与邻域各个像素点到中心点的距离有关，通过高斯方程得到各个点的权重值。

④ thresholdType：表示阈值处理方式（可选参数：cv2.THRESH_BINARY 或者 cv2.THRESH_BINARY_INV）。

⑤ blockSize：块大小，表示一个像素在计算其阈值时所使用的邻域尺寸，通常为 3、5、7 等。

⑥ C：表示常量值。

9. 形态学滤波

示例代码如下：

```python
import cv2

src=cv2.imread('E:\\flower.jpg',0)

# 固定阈值分割
ret,seg=cv2.threshold(src,100,255,cv2.THRESH_BINARY);

element = cv2.getStructuringElement(cv2.MORPH_RECT,(5,5),(2, 2));

erode=cv2.erode(seg,element); # 腐蚀
dilate=cv2.dilate(seg,element);# 膨胀
opened=cv2.morphologyEx(seg, cv2.MORPH_OPEN, element);# 开运算
closed=opened=cv2.morphologyEx(seg, cv2.MORPH_CLOSE, element);# 闭运算

cv2.imshow("seg",seg)
cv2.imshow("erode",erode)
cv2.imshow("dilate",dilate)
cv2.imshow("open",opened)
cv2.imshow("close",closed)
cv2.waitKey(0);
```

函数说明：

（1）腐蚀。

```
dst = cv2.erode(src, kernel, iterations=1, borderType=cv2.BORDER_
DEFAULT, dst=None)
```

参数详情如下。

① src：输入图像，可以是灰度图像或者彩色图像。

② kernel：腐蚀使用的结构元素。它是一个二维数组，代表了腐蚀操作的形状和大小。

③ iterations：腐蚀操作的迭代次数。默认值为 1，表示进行一次腐蚀操作。

④ borderType：边界类型，用于处理图像边界。默认值为 cv2.BORDER_DEFAULT。

⑤ dst：输出图像，可以是一个预先分配的图像，如果不指定，则函数会自动分配。

（2）膨胀。

```
dst = cv2.dilate(src, kernel, iterations=1, borderType=cv2.BORDER_
DEFAULT, dst=None)
```

参数详情如下。

① src：输入图像，可以是灰度图像或者彩色图像。

② kernel：膨胀使用的结构元素。它是一个二维数组，代表了膨胀操作的形状和大小。

③ iterations：膨胀操作的迭代次数。默认值为 1，表示进行一次膨胀操作。

④ borderType：边界类型，用于处理图像边界。默认值为 cv2.BORDER_DEFAULT。

⑤ dst：输出图像，可以是一个预先分配的图像，如果不指定，则函数会自动分配。

（3）形态学滤波。

```
dst = cv2.morphologyEx(src, op, kernel, dst=None, anchor=None,
borderType=None)
```

参数详情如下。

① src：输入图像，可以是灰度图像或者彩色图像。

② op：操作类型，可以是以下几种。

cv2.MORPH_OPEN：开运算。

cv2.MORPH_CLOSE：闭运算。

cv2.MORPH_GRADIENT：形态学梯度。

cv2.MORPH_TOPHAT：顶帽运算。

cv2.MORPH_BLACKHAT：黑帽运算。

cv2.MORPH_HITMISS：击中击不中变换。

③ kernel：结构元素，用于形态学操作。

④ dst：输出图像，可以是一个预先分配的图像，如果不指定，则函数会自动分配。

⑤ anchor：结构元素的锚点位置，默认值为（-1，-1），表示锚点位于中心。

⑥ borderType：边界类型，用于处理图像边界，默认值为 cv2.BORDER_DEFAULT。

使用案例：

（4）构建结构元素。

```
element= cv2.getStructuringElement(shape, ksize, anchor=None)
```

参数详情如下。

① shape：代表形状类型，有以下几种形状。

cv2.MORPH_RECT：矩形结构元素，所有元素值都是 1。

cv2.MORPH_CROSS：十字形结构元素，对角线元素值都是 1。

cv2.MORPH_ELLIPSE：椭圆形结构元素。

② ksize：代表结构元素的大小。

③ anchor：结构元素的锚点，默认为中心点。通常不需要指定，使用默认值即可。

返回一个指定形状和大小的结构元素，类型为 numpy.ndarray。

4.3 音频数据

4.3.1 读取与保存

音频数据一般存储在多种格式中，如 .wav、.mp3、.flac 等。对于音频数据的读取和保存，常用的 Python 库包括 librosa、wave、soundfile 等。这些库可以帮助我们读取音频文件，将音频数据转换为数组，并在必要时将处理后的数据保存为新的文件。

librosa：是一个非常流行的音频处理库，适用于音频读取、特征提取等任务。

wave：是 Python 标准库之一，提供了基本的 wav 文件读取和写入功能。

soundfile：支持多种音频格式，并且可以高效地读取和保存数据。

代码示例：

```
import librosa
import soundfile as sf
import wave
```

```python
import numpy as np

# 使用 librosa 和 soundfile 读取和保存音频
def librosa_method(input_path, output_path):
    # 读取音频文件
    audio_data, sample_rate = librosa.load(input_path, sr=None)

    # 输出音频信息
    print(f" 使用 librosa 读取的音频数据的采样率：{sample_rate}")
    print(f" 使用 librosa 读取的音频数据的形状：{audio_data.shape}")

    # 保存音频文件
    sf.write(output_path, audio_data, sample_rate)
    print(f" 音频已保存到 {output_path}")

# 使用 wave 读取和保存音频
def wave_method(input_path, output_path):
    # 读取 WAV 文件
    with wave.open(input_path, 'rb') as wf:
        num_frames = wf.getnframes()
        audio_data = np.frombuffer(wf.readframes(num_frames),
                    dtype=np.int16)
        sample_rate = wf.getframerate()

    print(f" 使用 wave 读取的采样率：{sample_rate}")
    print(f" 使用 wave 读取的音频数据的形状：{audio_data.shape}")

    # 保存 wav 文件
    with wave.open(output_path, 'wb') as wf:
```

```python
        wf.setnchannels(1)  # 单声道
        wf.setsampwidth(2)  # 每个采样点 2 字节（16 位）
        wf.setframerate(sample_rate)

        # 如果音频数据是 float32 类型（如 librosa 读取），需先转换
        if audio_data.dtype == np.float32:
            # 将范围从 [-1, 1] 映射到 [-32768, 32767]
            audio_data = np.int16(audio_data * 32767)

        wf.writeframes(audio_data.tobytes())
    print(f"音频已保存到 {output_path}")


# 示例文件路径
input_audio_path = 'example.wav'
output_audio_path_librosa = 'output_example_librosa.wav'
output_audio_path_wave = 'output_example_wave.wav'


# 使用 librosa 方法处理音频
librosa_method(input_audio_path, output_audio_path_librosa)


# 使用 wave 方法处理音频
wave_method(input_audio_path, output_audio_path_wave)
```

代码说明：

librosa_method：

使用 librosa.load( ) 读取音频文件。该方法可以处理多种格式（如 wav、mp3 等）。然后使用 soundfile.write( ) 保存为新的 wav 文件。

wave_method：

使用 wave.open( ) 读取原始 wav 文件。读取文件后，音频数据将转换为 np.int16 类型的数组。然后将读取的音频数据和采样率保存为新的 wav 文件。

数据类型转换：

在 wave_method 中，当 librosa 或其他工具读取的音频是浮动型 float32 类型时，需转换为 int16 类型并适当缩放。

输出路径：

output_example_librosa.wav 是使用 librosa 和 soundfile 保存的文件。

output_example_wave.wav 是使用 wave 模块保存的文件。

注意事项：确保音频文件 example.wav 存在于当前目录或提供其完整路径。如果你的音频是立体声（多个通道），librosa 会默认将其转换为单声道。若需保持原通道数，请使用 mono = False 参数。

4.3.2　音频数据处理

音频数据处理是音频分析中的重要步骤。常见的处理方法包括：去除静音和非语音部分、归一化和标准化以及滤波操作。

1. 去除静音和非语音部分

通过设定阈值或使用更复杂的算法来识别音频中的静音或非语音部分，并将其去除。

我们可以利用 librosa 库的 effects.split 方法来去除静音部分。

```
import librosa
import librosa.display
import matplotlib.pyplot as plt
import numpy as np  # 新增 numpy 用于拼接音频片段


# 读取音频文件
audio_path = 'example.wav'
try:
    audio_data, sample_rate = librosa.load(audio_path, sr=None)
except Exception as e:
    print(f" 错误：无法加载音频文件，请检查路径。详情：{e}")
    exit()
```

```
# 去除静音部分
non_silent_intervals = librosa.effects.split(audio_data, top_db=30)


# 拼接非静音片段生成处理后的音频
processed_audio = np.concatenate([audio_data[start:end] for start,
                  end in non_silent_intervals])


# 显示去除静音后的音频片段信息
for start, end in non_silent_intervals:
    print(f"语音片段起始点：{start/sample_rate:.2f}s, 结束点：{end/
        sample_rate:.2f}s")


# 可视化原始和处理后的音频波形对比
plt.figure(figsize=(12, 8))


# 原始波形
plt.subplot(2, 1, 1)
librosa.display.waveshow(audio_data, sr=sample_rate)
plt.title(" 原始音频波形 ")


# 处理后的波形
plt.subplot(2, 1, 2)
librosa.display.waveshow(processed_audio, sr=sample_rate)
plt.title(" 去除静音后的音频波形 ")


plt.tight_layout()
plt.show()
```

2. 归一化和标准化

音频信号可能存在幅度不一致的问题，归一化和标准化能够将音频信号的幅度统一，确保处理过程中信号的一致性。归一化可以将音频信号的幅度缩放到一定范围内，一般缩放至 [−1, 1] 之间。

```
import librosa
import numpy as np


# 读取音频文件
audio_path = 'example.wav'
audio_data, sample_rate = librosa.load(audio_path, sr=None)


# 归一化音频数据
normalized_audio = librosa.util.normalize(audio_data)


# 显示归一化前后的波形
import matplotlib.pyplot as plt


plt.figure(figsize=(10, 4))
plt.subplot(1, 2, 1)
plt.title(" 归一化前的音频波形 ")
plt.plot(audio_data)
plt.subplot(1, 2, 2)
plt.title(" 归一化后的音频波形 ")
plt.plot(normalized_audio)
plt.tight_layout()
plt.show()
```

3. 滤波

通过低通、高通或带通滤波等技术去除不需要的频率成分，以提升音频质量或突出特定频率范围。

低通滤波器可以去除超过某一频率的高频噪声。我们可以利用 scipy 中的 butter 和 filtfilt 方法来实现。

```python
from scipy.signal import butter, filtfilt
import librosa
import matplotlib.pyplot as plt


# 读取音频文件
audio_path = 'example.wav'
audio_data, sample_rate = librosa.load(audio_path, sr=None)


# 定义低通滤波器
def butter_lowpass(cutoff, fs, order=5):
    nyquist = 0.5 * fs
    normal_cutoff = cutoff / nyquist
    b, a = butter(order, normal_cutoff, btype='low', analog=False)
    return b, a


# 应用低通滤波器
cutoff_frequency = 3000  # 截止频率 3000 Hz
b, a = butter_lowpass(cutoff_frequency, sample_rate)
filtered_audio = filtfilt(b, a, audio_data)


# 显示滤波前后的音频波形
plt.figure(figsize=(10, 4))
plt.subplot(1, 2, 1)
plt.title("滤波前的音频波形")
plt.plot(audio_data)
plt.subplot(1, 2, 2)
plt.title("滤波后的音频波形")
plt.plot(filtered_audio)
plt.tight_layout()
```

```
plt.show()
```

本节涵盖了音频数据的读取、保存以及一些常见的数据处理方法，包括去除静音、归一化、滤波等。通过不同的技术手段，可以有效地对音频数据进行预处理，为后续的音频分析和特征提取打下基础。

4.4 数据可视化

数据作为信息的载体，是由符号、数字或文本等形式组成的原始记录。因此，数据本身是非常抽象的，需要借助特定的背景知识、分析方法和思维方式，才可以全面准确地理解和利用。数据可视化是指将数据以图形、图像的形式进行表示，以便于挖掘和发现数据中蕴含的信息。

目前，常用的数据可视化实现手段主要分为两种。

（1）数据可视化软件：利用专门的数据可视化软件绘制数据图形图像。例如：Google Data Studio、Sisense、Looker、ArcGIS、Apache Superset 等。

（2）编程绘制：利用程序设计语言编程绘制数据图形图像。例如，Python 语言的可视化库（matplotlib、seaborn、plotly、bokeh 等）、R 语言可视化库（shiny、ggplot2 等）、JavaScript 可视化库（D3.js、Chart.js、Highcharts 等）。

本节将详细介绍 Python 语言编程绘制数据可视化图形的方法，从而为将来绘制更复杂的可视化图形做好准备。本节代码在以下环境测试通过：Python＝3.9，matplotlib＝3.3.4。

4.4.1 条形图的绘制方法

条形图（bar chart）是使用宽度相同的条形的高度或长短来表示数据多少的图形。条形图可以横置或纵置，纵置时也称为柱形图（column chart）。条形图主要用于多个类别之间离散数据大小的比较，很容易根据图形的长短看出数据的大小，易于比较各类别数据之间的差别或变化情况。但是，条形图不适用于表示趋势和占比的数据。

在 Python 中，matplotlib.pyplot 是一种绘制图表的常用库，其提供的 bar( ) 函数可以绘制垂直条形图，barh( ) 函数可以绘制水平条形图。

1. 垂直条形图

bar( ) 函数绘制垂直条形图的语法规则：

bar(x, height, width=0.8, bottom=None, align='center', **kwargs)

参数说明：

x：条形图的 x 轴坐标，通常是一个数组或列表，表示每个条形的中心位置。

height：条形的高度，通常是一个数组或列表。

width：条形的宽度，默认值为 0.8。可以是一个标量或与 x 长度相同的数组。

bottom：条形的底部位置，默认值为 None。

align：条形的对齐方式，默认值为 'center'。

**kwargs：其他可选参数，用于设置条形的颜色、边框、标签等属性。

常用可选参数：

color：条形的颜色，可以是一个颜色字符串或颜色列表。

edgecolor：条形边框的颜色。

linewidth：条形边框的宽度。

label：条形的标签，用于图例显示。

tick_label：条形的刻度标签，用于替换 x 轴上的默认刻度标签。

例 4-1：根据自定义数据，使用 bar( ) 函数绘制一个垂直条形图。

代码如下：

```python
import matplotlib.pyplot as plt
categories = ['A', 'B', 'C', 'D']
values = [10, 20, 15, 25]
plt.rcParams['font.sans-serif'] = ['SimHei']  # 设置了字体为 SimHei
plt.rcParams['axes.unicode_minus'] = False   # 解决负号显示为方块的问题
# 创建条形图
plt.bar(categories, values, color='skyblue', edgecolor='black',
width=0.5, label='分类数据')
# 添加标题和标签
plt.title('垂直条形图示例')
plt.xlabel('分类')
plt.ylabel('数值')
plt.legend()  # 显示图例
```

```
plt.show()      # 显示图表
```

输出结果如图 4-1 所示。

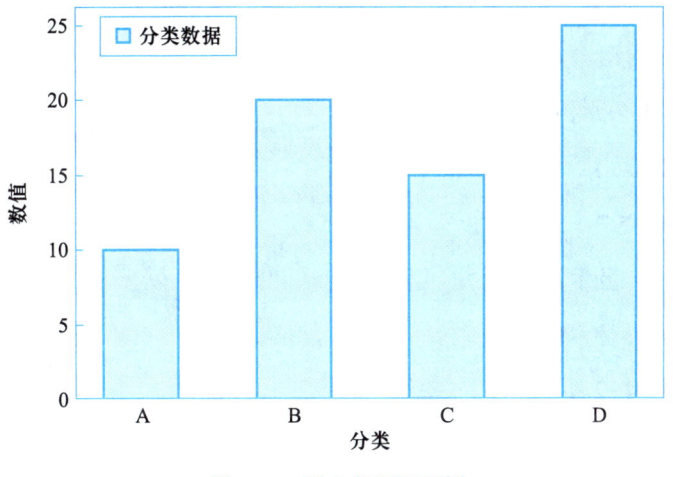

图 4-1　垂直条形图示例

2. 水平条形图

barh( ) 函数绘制水平条形图的语法规则：

barh(y, width, height=0.8, left=None, *, align='center', **kwargs)

参数说明：

y：条形图的 y 轴坐标，通常是类别标签。

width：条形的长度，即数据值。

height：条形的高度，默认值为 0.8。

left：条形的起始 x 坐标，默认值为 0。

align：条形的对齐方式，默认值为 'center'。

**kwargs：其他可选参数，用于设置条形的颜色、边框、标签等属性。

例 4-2：根据自定义数据，使用 barh( ) 函数绘制一个水平条形图。

代码如下：

```
import matplotlib.pyplot as plt
categories = ['A', 'B', 'C', 'D', 'E']
values = [12, 15, 8, 10, 5]
plt.rcParams['font.sans-serif'] = ['SimHei']  # 设置了字体为 SimHei
plt.rcParams['axes.unicode_minus'] = False    # 解决负号显示为方块的问题
```

```
# 创建条形图
plt.barh(categories, values, color='skyblue', edgecolor='black',
height=0.5, label='分类数据')
# 添加标题和标签
plt.title('水平条形图示例')
plt.xlabel('数值')
plt.ylabel('分类')
plt.legend()  # 显示图例
plt.show()    # 显示图表
```

输出结果如图 4-2 所示。

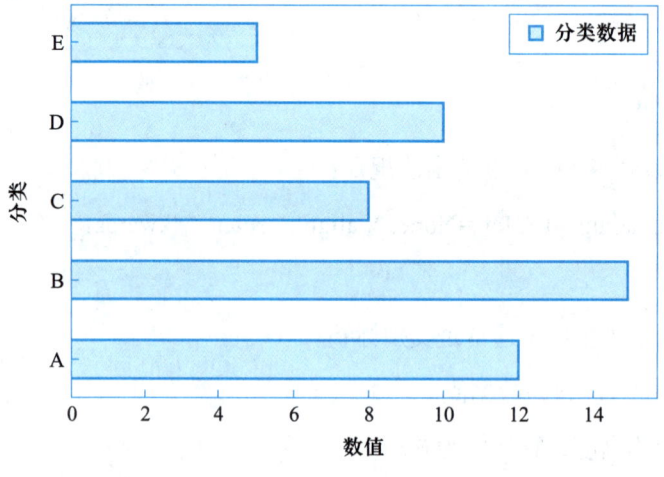

图 4-2　水平条形图示例

4.4.2　折线图的绘制方法

折线图（line chart）是一种通过线段连接数据点来展示数据随时间变化趋势的图表类型，通常用于时间序列数据或其他连续性数据。在 Python 语言中，绘制折线图可以使用 matplotlib.pyplot 中的 plot( ) 函数。

plot( ) 函数绘制折线图的语法规则：

matplotlib.pyplot.plot(x, y, fmt='-', **kwargs)

x：折线图的 x 轴坐标，通常是一个数组或列表，表示数据点的 x 值。如果未提供，则默认使用 range(len(y))。

y：折线图的 y 轴坐标，通常是一个数组或列表，表示数据点的 y 值。

fmt：格式字符串，用于指定线条的样式、颜色和标记。格式字符串的语法为［marker］［line］［color］，例如 'o-' 表示带圆点标记的实线。

**kwargs：其他可选参数，用于设置线条的宽度、标签、透明度等属性。

常用可选参数：

color：线条的颜色，可以是一个颜色字符串或颜色代码。

linestyle：线条的样式，例如 '-'（实线）、'--'（虚线）、':'（点线）等。

linewidth：线条的宽度，默认值为 1。

marker：数据点的标记样式，例如 'o'（圆点）、's'（方块）、'^'（三角形）等。

markersize：标记的大小，默认值为 6。

label：线条的标签，用于图例显示。

alpha：线条的透明度，取值范围为 0（完全透明）到 1（完全不透明）。

例 4-3：根据自定义数据，使用 plot( ) 函数绘制一个折线图。

代码如下：

```python
import matplotlib.pyplot as plt
x = [1, 2, 3, 4, 5]
y = [10, 15, 13, 18, 16]
plt.rcParams['font.sans-serif'] = ['SimHei']  # 设置字体为 SimHei
plt.rcParams['axes.unicode_minus'] = False    # 解决负号显示问题
# 创建折线图
plt.plot(x, y, marker='o', linestyle='-', color='b', linewidth=2,
         label='Data Line')
# 添加标题和标签
plt.title('折线图示例')
plt.xlabel('x 轴')
plt.ylabel('y 轴')
plt.legend()  # 显示图例
plt.show()    # 显示图表
```

输出结果如图 4-3 所示。

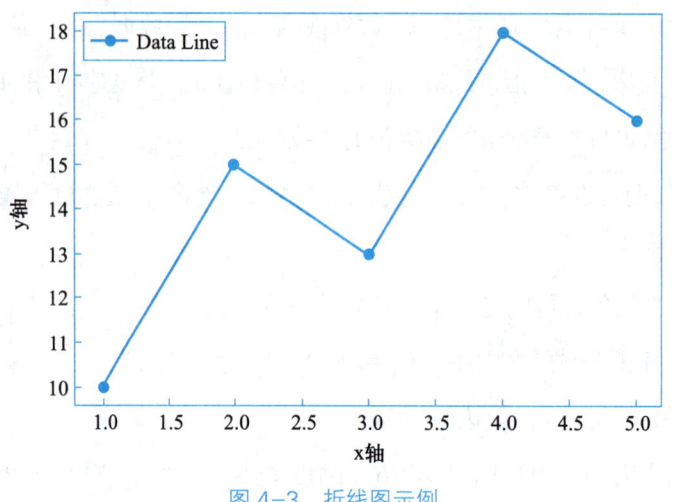

图 4-3 折线图示例

4.4.3 散点图的绘制方法

散点图（scatter plot）是一种用于展示两个变量之间关系的图表类型。在散点图中，通过点的分布情况可以观察到数据点的集中趋势、离散趋势、异常点以及数据的相关性。在 Python 语言中，绘制散点图可以使用 matplotlib.pyplot 中的 scatter( ) 函数。

scatter( ) 函数绘制散点图的语法规则：

pyplot.scatter(x, y, s=None, c=None, marker=None, alpha=None, **kwargs)

参数说明：

x：散点图的 x 轴坐标，通常是一个数组或列表。

y：散点图的 y 轴坐标，通常是一个数组或列表。

s：散点的大小，可以是一个标量或与 x 长度相同的数组，默认值为 None。

c：散点的颜色，可以是一个颜色字符串、颜色代码等，默认值为 None。

marker：散点的标记样式，例如 'o'（圆点）、's'（方块）、'^'（三角形）等，默认值为 'o'。

alpha：散点的透明度，取值范围为 0（完全透明）到 1（完全不透明），默认值为 None。

**kwargs：其他可选参数，用于设置边缘颜色、边缘宽度、标签等属性。

例 4-4：根据自定义数据，使用 scatter( ) 函数绘制一个散点图。

代码如下：

```
import matplotlib.pyplot as plt

import numpy as np
```

```
x = np.random.rand(50)  # 生成 50 个随机 x 值

y = np.random.rand(50)  # 生成 50 个随机 y 值

colors = np.random.rand(50)  # 生成 50 个随机颜色值

sizes = 1000 * np.random.rand(50)  # 生成 50 个随机大小值

plt.rcParams['font.sans-serif'] = ['SimHei']  # 设置了字体为 SimHei

plt.rcParams['axes.unicode_minus'] = False  # 解决负号显示问题

# 创建散点图

plt.scatter(x, y, c=colors, s=sizes, alpha=0.6, cmap='viridis',
            edgecolor='black')

# 添加标题和标签

plt.title(' 散点图示例 ')

plt.xlabel('x 轴 ')

plt.ylabel('y 轴 ')

plt.legend()  # 显示图例

plt.show()   # 显示图表
```

输出结果如图 4-4 所示。

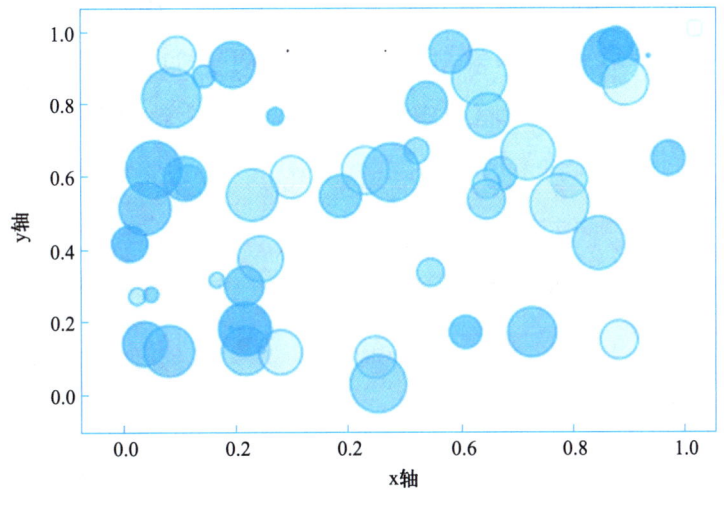

图 4-4　散点图示例

4.4.4　热力图的绘制方法

热力图（heatmap）是一种用于展示二维数据分布的图表类型，通过颜色的深浅来表示数值的大小。在 Python 语言中，可以使用 matplotlib.pyplot 提供的 imshow( ) 函数绘制热力图，还可以结合 pcolor( ) 和 pcolormesh( ) 配合使用。此外，seaborn 库中的 heatmap( ) 函数也常被用于绘制热力图。

imshow( ) 函数绘制热力图的语法规则：

pyplot.imshow(X, cmap=None, aspect=None, interpolation=None, **kwargs)

参数说明：

X：二维数组或矩阵，表示要绘制的数据。

cmap：颜色映射，用于将数值映射到颜色。

aspect：控制热力图的纵横比，例如 'auto'、'equal' 或一个标量值。

interpolation：插值方法，用于控制图像的平滑程度，如 'nearest' 'bilinear' 'bicubic' 等。

**kwargs：其他可选参数，用于设置颜色条、标签、标题等属性。

例 4-5：根据自定义数据，使用 imshow( ) 函数绘制一个热力图。

代码如下：

```python
import matplotlib.pyplot as plt
import numpy as np
# 生成数据
data = np.random.rand(10, 10)  # 生成一个 10*10 的随机矩阵
plt.rcParams['font.sans-serif'] = ['SimHei']  # 设置了字体为 SimHei
plt.rcParams['axes.unicode_minus'] = False    # 解决负号显示的问题
# 创建热力图
plt.imshow(data, cmap='viridis', interpolation='nearest')
plt.colorbar()  # 添加颜色条
# 添加标题和标签
plt.title('热力图示例')
plt.xlabel('x 轴 ')
plt.ylabel('y 轴 ')
plt.show()  # 显示图表
```

输出结果如图 4-5 所示。

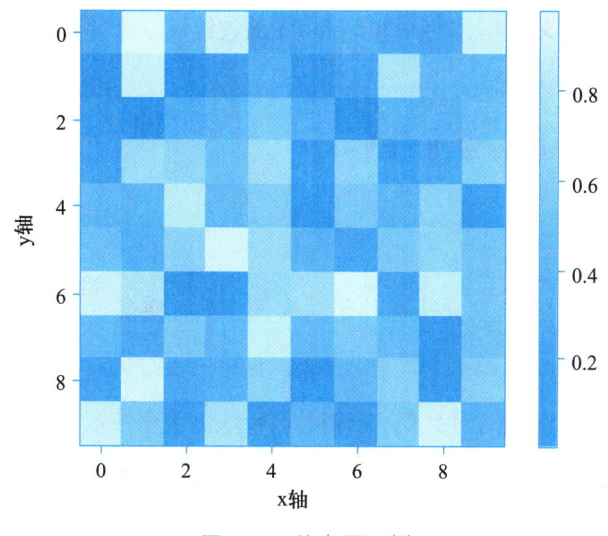

图 4-5 热力图示例

4.4.5 箱形图的绘制方法

箱形图（box plot），也称为盒须图、盒式图或箱线图，是一种用于展示数据分布情况的统计图表类型。它能够显示数据的中位数、四分位数、异常值等信息，常用于比较不同数据集之间的分布差异。在 Python 语言中，可以使用 matplotlib.pyplot 提供的 boxplot( ) 函数绘制箱形图，

boxplot( ) 函数绘制箱形图的语法规则：

pyplot.boxplot(x, notch=None, sym=None, vert=None, whis=None, positions=None, widths=None, patch_artist=None, **kwargs)

参数说明：

x：输入数据，可以是一个数组、列表或二维数组。

notch：是否在箱形图中显示中位数的置信区间缺口，默认值为 None（不显示）。

sym：异常值的标记样式，默认值为 None（使用默认标记 '+'）。

vert：箱形图的方向，默认值为 True（垂直方向）。

whis：定义须线的范围，默认值为 1.5。

positions：箱形图的位置，默认值为 None（自动排列）。

widths：箱形图的宽度，默认值为 None（自动调整）。

patch_artist：是否使用填充颜色绘制箱体，默认值为 False（不填充）。

**kwargs：其他可选参数，用于设置箱体颜色、须线样式、标签等属性。

例 4-6： 根据自定义数据，使用 boxplot( ) 函数绘制一个箱形图。

代码如下：

```python
import matplotlib.pyplot as plt
import numpy as np
# 生成数据
np.random.seed(42)  # 设置随机种子以确保结果可重复
data1 = np.random.normal(100, 20, 20)  # 第一组数据，均值为 100，标准差为 20
data1 = np.append(data1, [150, 158])   # 添加两个异常值
data2 = np.random.normal(80, 15, 20)    # 第二组数据，均值为 80，标准差为 15
data2 = np.append(data2, [30, 120])    # 添加两个异常值
# 将两组数据合并为一个列表
data = [data1, data2]
# 创建箱形图
plt.boxplot(data, labels=['第一组', '第二组'])
# 添加标题和标签
plt.title('带有异常值的箱形图')
plt.ylabel('数值')
# 显示图表
plt.show()
```

输出结果如图 4-6 所示。

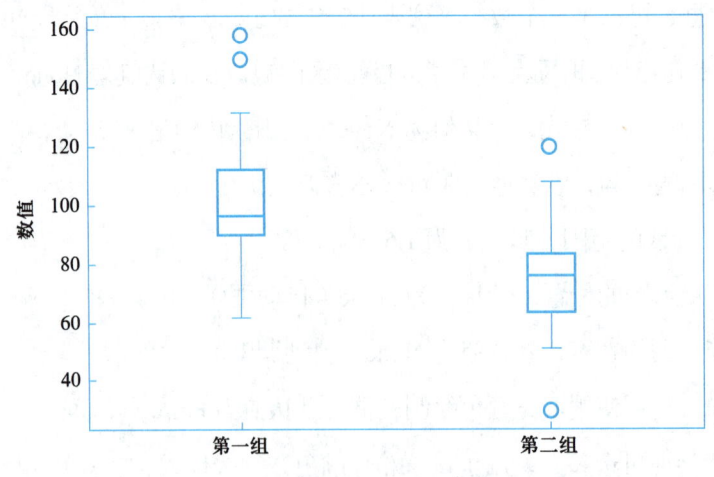

图 4-6　带有异常值的箱形图示例

第 5 章 中文分词及词频统计

本章将利用计算机完成中文自动分词，然后进行中文文本词频分析，旨在研究作者的写作特点和作品塑造的人物形象特征。本章代码在以下环境测试通过：Python=3.9.21，jieba=0.42.1。

5.1 中文分词步骤

与英文文本不同，中文文本中词语和词语之间是相连的，不能通过天然的分隔符对文章内容进行简单切分。因此，在对中文文本进行词频分析之前，首先需要对中文文本进行分词。

给定一篇文章，首先统计出文章中每个单词出现的频次，即"词频统计"；然后，对输出的词频统计结果进行分析，发现有价值的信息。中文词频分析主要由四个步骤组成。

（1）输入数据，从文件中读取一篇文章的内容。

（2）处理数据，可以采用字典数据结构统计词语出现的频率。

（3）输出结果，对统计结果排序，或者采用可视化方式展示词语及其词频。

（4）分析结果，对输出的统计结果进行分析，获得有价值的信息。

5.2 中文词频分析

中文文本中，词与词之间没有显式的用空格分隔。为了让计算机理解中文文本，中文信息处理的第一步通常是进行中文分词。常用的中文分词第三方库包括 jieba、hanLP 等。下面使用中文分词模块 jieba 对中国古典文学巨著《红楼梦》文本文件进行中文分词，然后进行《红楼梦》出场人物词频分析。

1. jieba 库介绍及安装

Python 扩展库 jieba 的分词原理是利用一个中文词库，将需要分词的内容与中文分词词库进行比对，依据图结构和动态规划方法确定中文字符之间的关联概率，关联概率大的汉字组成词组，形成分词结果。除了实现中文分词功能，用户还可以自定义词典，在中文分词词库中添加 jieba 库里没有的词组，提高中文分词的准确率。

以管理员模式打开 Anaconda Prompt，激活对应环境后，输入以下命令安装 jieba 库：

```
pip install jieba
```

创建 countWords.py 文件，并在文件中导入 jieba 库：

```
import jieba
```

2. 读取文本文件

中文分词中经常包含一些出现频率非常高的无效词语，影响词频统计结果，可以使用停用词数据集来过滤。使用以下代码分别加载《红楼梦》中文文本、停用词文件和自定义《红楼梦》人物词典文件。

```
# 红楼梦文档路径
content_path = r'/home/aistudio/work/Dream_of_the_Red_Mansion.txt'
# 停用词文档路径
stop_words_path = r'/home/aistudio/work/cn_stopwords.txt'
# 自定义词典的路径
dictionary_path = r'/home/aistudio/work/Red_Mansion_Dictionary.txt'
# 指定自定义的词典，以便包含 jieba 词库里没有的词，保证更高的准确性
jieba.load_userdict(dictionary_path)
# 读取文章、停用词、自定义词典
f_stop_words = open(stop_words_path, "r", encoding='utf-8')
stop_words = f_stop_words.read()
f_content = open(content_path, "r", encoding='utf-8')
content = f_content.read()
f_dictionary = open(dictionary_path, "r", encoding='utf-8')
dictionary = f_dictionary.read()
f_stop_words.close()
```

```
f_content.close()
f_dictionary.close()
```

3. 数据预处理

使用如下代码对数据做预处理：

```
# 停用词数据集、词典数据集
stop_words = set(stop_words)          # 构建一个停用词数据集
dictionary = jieba.lcut(dictionary)   # 用于精确模式的中文分词方法
dictionary = set(dictionary)          # 构建集合类型的《红楼梦》人物数据集
words = jieba.lcut(content)           # 对《红楼梦》文本内容精确分词
```

4. 词频分析

使用以下代码进行词频统计：

```
counts = {}
for word in words:
    if len(word) == 1:
        continue
    else:
        rword = word
        counts[rword] = counts.get(rword,0) + 1
for word in stop_words:
    counts[word]=0
```

使用 for 循环对《红楼梦》文本内容数据集 words 中的每一个元素 word 遍历分析：如果该元素长度为 1，说明这只是一个字，不是词语，无须统计；否则，将该元素记为需要统计的词语，并以键值对的形式添加到字典 counts 中。代码第 31 行为每个词语 rword 设计一个计数器，该词语在文本内容数据集中每出现一次，对应计数器加 1。使用 get( ) 方法将词语及其词频作为字典元素添加到存放词频统计结果的字典 counts 中。

5. 结果展示

将词语的统计值按从大到小进行排序并格式化输出前 10 个高频词语：

```
items = list(counts.items( ))
items.sort(key=lambda x:x[1], reverse=True)
```

```
for i in range(10):

    word, count = items[i]

    print ("{0:<10}{1:>5}".format(word, count))
```

程序运行后，输出结果如下（图5-1）：

图 5-1 《红楼梦》词频统计结果

观察输出结果可以看到，"一个""什么""我们""那里"等冠词、代词、连接词对理解文章的主要内容没有实际意义。在自然语言处理和信息检索中，这些高频出现但对文本分析任务贡献较小的常用词汇，被称为停用词，通常包括冠词、代词、介词、连接词和助词等，它们在语法结构中起到连接作用，但本身并不携带实质性的语义信息。

从词频统计结果来看，作者曹雪芹在书中经常使用"什么""我们""那里""你们"等词语。《红楼梦》出场人物词频分析中，我们需要排除与出场人物无关的停用词，如"什么""一个""你们""我们"等。

此外，为了排除大量与人物无关词语的干扰，专注于《红楼梦》出场人物词频分析，可以添加《红楼梦》人物词典。只需将词频统计代码修改为：

```
for word in words:

    if len(word)== 1:

        continue

    elif word in dictionary:      # 只统计《红楼梦》出场人物出现的次数

        rword = word

        counts[rword] = counts.get(rword,0) + 1

for word in stop_words:
```

```
counts[word]=0
```

这样，代码将获取出现在《红楼梦》人物数据集中的每个词语 rword，对每个词语设计一个计数器，该词语在文本内容数据集中每出现一次，对应计数器加 1。使用 get( ) 方法将词语及其词频生成键值对 "< 词语 rword>:< 词频 >"，作为字典元素添加到《红楼梦》出场人物字典 counts 中。

程序运行结果如下（图 5-2）：

```
coutWords ×
Prefix dict has been built successfully.
宝玉            3556
贾母            1242
凤姐            1189
黛玉            1010
袭人             992
王夫人            958
宝钗             745
贾琏             688
平儿             590
贾政             455
```

图 5-2 《红楼梦》出场人物词频统计结果

由此可见，"宝玉"是《红楼梦》中当之无愧的核心人物，"贾母""凤姐"紧随其后，"黛玉"是出场频次位列第四的重要人物。当然，仅通过人物名称在作品中的出现频次来分析角色重要性显然失之偏颇。从前面的词频统计结果看到，在词频统计时，源代码没有考虑"我们""你们"等高频代词与具体人物的指代关系。因此，要对《红楼梦》出场人物进行周密详尽的分析，还需要自然语言处理等技术的支持。

6. 小结

首先，选择合适的数据类型存储读取到的文章内容，以便采用 Python 对象的属性、方法和相关函数完成后续的中文分词操作。

在数据处理阶段，需要对生成的统计结果按照词频的高低排列。由于字典是无序的，采用字典数据结构统计词频后，统计结果中排在前面的字典元素大多只出现一次。如果根据词频统计情况分析文章的内容，这种排序显然是不方便的。所以，需要按照词频统计结果进行逆序排列，将高频词排在前面，方便用户查看高频词语并进一步分析文章内容。

观察输出结果可以看到，高频词大多是冠词、代词、连接词等，如"一个""什么""那里"。这些停用词对理解文章的主要内容没有实际意义。因此，可以采用集合类型构建一个停用词词表，在输出结果中排除这个词表中的词汇，真正筛选出体现文章主要内容的高频词。此外，为了更好地聚焦具体的文本分析任务，可以事先构建包括人名、地名以及新词的未登录词词典，利用自定义词典甚至知识图谱实现个性化的精准文本分析。

5.3　词云

上述《红楼梦》出场人物词频分析结果做到了"用数据说话"，但是不够生动直观。下面结合 Python 第三方库 wordcloud，用词云展示《红楼梦》出场人物频次情况。本节代码在以下环境测试通过：Python = 3.9.21，jieba = 0.42.1，wordcloud = 1.9.4，pillow = 11.1.0。

以管理员模式打开 Anaconda Prompt，激活对应环境后（已经安装 jieba 库的环境），输入以下命令安装 wordcloud 库：

```
conda install wordcloud
```

使用以下命令更新 pillow 库：

```
conda update pillow
```

1. 导入包

导入需要的包：

```
import jieba
import wordcloud
```

2. 读入文本文件

读取文本内容：

```
content_path = r'/home/aistudio/work/Dream_of_the_Red_Mansion.txt'
f_content= open(content_path, "r", encoding="utf-8")
content = f_content.read()
f_content.close()
```

3. 数据预处理

使用 jieba.lcut( ) 对文本进行精确分词，并对结果进行拼接：

```
words = jieba.lcut(content)
txt_content = "".join(content)
```

4. 词云生成及保存

使用以下代码生成词云并保存词云图片：

```
w = wordcloud.WordCloud( \
  width = 1000, height = 700,\
  background_color = "white",
  font_path =r"/home/aistudio/work/msyh.ttc"    # 字体设置可以缺省
  )
w.generate(txt_content)
w.to_file("RedMansionwordcloud.png")
```

调用 wordcloud 模块中的 WordCloud 对象，为词云图片配置可选参数，可以包含词云图片的宽和高、背景颜色、字体文件、字号步进间隔、停用词列表以及词云形状等。这里设置词云图片的宽和高分别为 1 000 px 和 700 px，背景颜色为白色，中文字符选用微软雅黑（msyh.ttc）作为显示效果。需注意：该字体文件需要跟代码存放至同一个目录下，或者在字体文件名前面添加完整访问路径；若未指定字体文件，此参数可以省略。

运行代码，会在代码目录下保存词云图像，打开结果如图 5-3 所示。

图 5-3 《红楼梦》词云效果图

5．词云图优化

用户可以根据个人需求修改参数，得到更炫目的词云可视化效果图。例如，可以根据指定图片生成特定形状的词云，也可以自己设计词云的形状。这里导入 numpy 模块，插入一段生成圆形图案的代码，并设置 WordCloud 对象中的参数 mask，得到圆形的词云效果图，如图 5-4 所示。

图 5-4 《红楼梦》词云效果图

修改后的完整代码如下：

```
import jieba

import wordcloud

import numpy as np


content_path = r'/home/aistudio/work/Dream_of_the_Red_Mansion.txt'

f_content= open(content_path, "r", encoding="utf-8")

content = f_content.read()

f_content.close()


words = jieba.lcut(content)

txt_content = "".join(content)
```

```
# 产生一个以 (150,150) 为圆心，半径为 130 的圆形 mask
x,y = np.ogrid[:300,:300]
mask = (x-150) ** 2 + (y-150) ** 2 > 130 ** 2
mask = 255 * mask.astype(int)


w = wordcloud.WordCloud( \
  width = 1500, height = 1500,\
  mask = mask, background_color = "white",
  font_path =r"/home/aistudio/work/msyh.ttc"
  )
w.generate(txt_content)
w.to_file("/home/aistudio/work/circle.png")
```

  词云技术是文本可视化的一种形式，用于展示文本数据中词汇的频率分布。词云由随机分布在词云图中的单词或词语构成，以一种可视化形式描绘单词或词语出现在文本数据中的频率，其中出现频率较高的单词或词语以较大的字号呈现，而频率较低的单词或词语则以较小的字号呈现。词云主要提供一种观察热门话题或搜索关键字的方式，通过视觉突出文本中高频"关键词"，形成"关键词云层"或"关键词渲染"，从而过滤掉冗余文本信息，使浏览者快速把握文本主旨。

第 6 章　文本分类

IMDB 数据集情感分类是自然语言处理（NLP）中的经典任务，主要用于判断电影评论的情感倾向（正面或负面）。本章将基于 PyTorch 框架实现 LSTM 模型，对 IMDB 数据集进行分类。本章代码在以下环境测试通过：Python = 3.9.21，PyTorch = 2.3.0，torchtext = 0.18.0。

6.1　环境配置

1. 创建环境

以管理员模式打开 Anaconda Prompt，在命令行输入指令（如果已经有 Python 3.9 环境，可跳过此步骤，直接激活对应环境）：

```
conda create -n NLP python=3.9
```

准备好之后输入 y 开始创建虚拟环境 NLP（可以自己命名，修改相应命令中的环境名称即可）

2. 安装相应的库

使用以下命令切换到 NLP 环境：

```
activate NLP
```

使用以下命令安装 PyTorch 及 torchtext：

```
conda install pytorch=2.3.0 torchtext=0.18.0
```

使用以下命令安装 Spyder（也可以在 PyCharm 中配置 NLP 环境）：

```
conda install spyder
```

6.2　数据集介绍

IMDB 数据集是经典的情感分类数据集，在斯坦福大学人工智能实验室网站上可下载。数据集包含了 5 万条关于电影的评论数据，其中训练集 25 000 条，测试集 25 000 条。数据格式如图 6-1 所示。

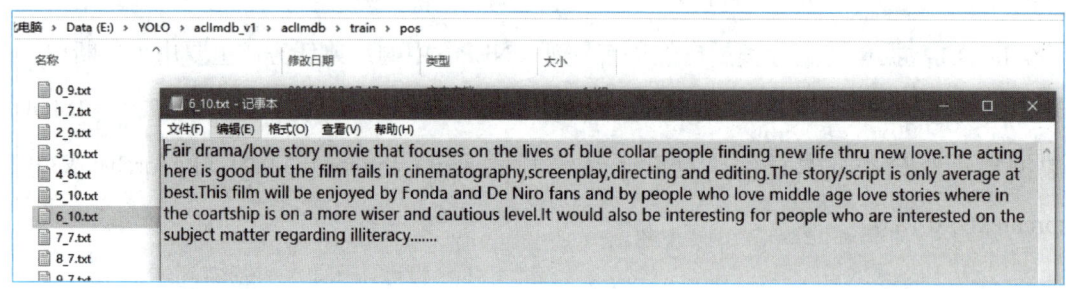

图 6-1　数据格式

数据的标签以文件名的方式呈现，图 6-1 中左边为名称，其中名称包含两部分，分别是序号和情感评分，即序号 _ 情感评分，1~4 为 neg，5~10 为 pos，共 10 个分类。右边为文件中的评论内容。每个文件中文本长度不一定相等。

下载并解压数据集后，在 aclImdb 文件夹中包含如下文件，如图 6-2 所示。

名称	修改日期	类型	大小
test	2025/2/9 23:29	文件夹	
train	2025/2/9 23:29	文件夹	
imdb.vocab	2011/4/13 1:14	VOCAB 文件	827 KB
imdbEr.txt	2011/6/12 6:54	文本文档	882 KB
README	2011/6/26 8:18	文件	4 KB

图 6-2　aclImdb 文件夹

test 和 train 分别表示训练数据和测试数据所在的文件夹。

6.3　代码实现

1. 导入包

创建名为 LSTM.py 的文件，先导入必要的包：

```python
import torch
from torch.utils.data import DataLoader, Dataset
import os
import re
import numpy as np
import pickle
from tqdm import tqdm
import torch.nn as nn
import torch.nn.functional as F
from torch import optim
```

2. 准备数据

（1）数据集读取。

使用如下代码进行数据集读取：

```python
data_base_path = r'E:\YOLO\aclImdb_v1\aclImdb'# 需要修改为数据集实际路径

train_batch_size = 64
test_batch_size = 500
max_len = 50
device = torch.device("cuda" if torch.cuda.is_available() else "cpu")


# 分词的API
def tokenize(text):
    fileters = ['!', '"', '#', '$', '%', '&', '\(', '\)', '\*', '\+', ',', '-', '\.', '/',
':', ';', '<', '=', '>','\?', '@', '\[', '\\', '\]', '^', '_', '`', '\{', '\|', '\}', '~',
'\t', '\n', '\x97', '\x96', '”','','“', ]
    text = re.sub("<.*?>", " ", text, flags=re.S)
    text = re.sub("|".join(fileters), " ", text, flags=re.S)
    return [i.strip() for i in text.split()]
# 自定义的数据集类
```

```python
class ImdbDataset(Dataset):
    def __init__(self, mode):
        super(ImdbDataset, self).__init__()
        if mode == "train":
            text_path = [os.path.join(data_base_path, i) for i in
["train/neg", "train/pos"]]
        else:
            text_path = [os.path.join(data_base_path, i) for i in
["test/neg", "test/pos"]]

        self.total_file_path_list = []
        for i in text_path:
            self.total_file_path_list.extend([os.path.join(i, j) for
j in os.listdir(i)])
        # print(self.total_file_path_list)

    def __getitem__(self, idx):
        cur_path = self.total_file_path_list[idx]
        cur_filename = os.path.basename(cur_path)
        label = int(cur_filename.split("_")[-1].split(".")[0]) - 1
        text = tokenize(open(cur_path, encoding="utf-8").read().strip())
        return label, text

    def __len__(self):
        return len(self.total_file_path_list)

# 测试是否能成功获取数据
dataset = ImdbDataset(mode="train")
print(dataset[0])
```

运行代码，得到结果如下（图6-3）：

```
Run:    LSTM ×
▶ ↑    D:\Anaconda3\envs\NLP\python.exe E:/MyCode/Python/TextClassifier/LSTM.py
■ ↓    (2, ['Story', 'of', 'a', 'man', 'who', 'has', 'unnatural', 'feelings', 'for', 'a', 'pig', 'Starts
```

图 6-3　数据读取运行结果

（2）数据处理。

添加如下代码，将数据处理为适合训练的格式：

```python
# 自定义的 collate_fn 方法
def collate_fn(batch):
    batch = list(zip(*batch))
    labels = torch.tensor(batch[0], dtype=torch.int32)
    texts = batch[1]
    texts = torch.tensor([ws.transform(i, max_len) for i in texts])
    del batch
    return labels.long(), texts.long()


# 获取数据的方法
def get_dataloader(train=True):
    if train:
        mode = 'train'
    else:
        mode = "test"
    dataset = ImdbDataset(mode)
    batch_size = train_batch_size if train else test_batch_size
    return DataLoader(dataset, batch_size=batch_size, shuffle = True,
collate_fn=collate_fn)


# Word2Sequence
class Word2Sequence:
```

```python
UNK_TAG = "UNK"
PAD_TAG = "PAD"
UNK = 0
PAD = 1


def __init__(self):
    self.dict = {
        self.UNK_TAG: self.UNK,
        self.PAD_TAG: self.PAD
    }
    self.fited = False
    self.count = {}


def to_index(self, word):
    return self.dict.get(word, self.UNK)


def to_word(self, index):
    if index in self.inversed_dict:
        return self.inversed_dict[index]
    return self.UNK_TAG


def __len__(self):
    return len(self.dict)


def fit(self, sentence):
    for word in sentence:
        self.count[word] = self.count.get(word, 0) + 1


    def build_vocab(self, min_count=None, max_count=None, max_
```

```
feature=None):
        if min_count is not None:
            self.count = {word: count for word, count in self.count.
items() if count >= min_count}

        if max_count is not None:
            self.count = {word: count for word, count in self.count.
items() if count <= max_count}

        if max_feature is not None:
            self.count = dict(sorted(self.count.items(), lambda x: x[-1],
reverse=True)[:max_feature])

        for word in self.count:
            self.dict[word] = len(self.dict)

        self.inversed_dict = dict(zip(self.dict.values(), self.
dict.keys()))


    def transform(self, sentence, max_len=None):
        if max_len is not None:
            r = [self.PAD] * max_len
        else:
            r = [self.PAD] * len(sentence)
        if max_len is not None and len(sentence) > max_len:
            sentence = sentence[:max_len]
        for index, word in enumerate(sentence):
            r[index] = self.to_index(word)
        return np.array(r, dtype=np.int64)
```

```python
    def inverse_transform(self, indices):
        sentence = []
        for i in indices:
            word = self.to_word(i)
            sentence.append(word)
        return sentence


# 建立词表
def fit_save_word_sequence():
    word_to_sequence = Word2Sequence()
    train_path = [os.path.join(data_base_path, i) for i in ["train/
neg", "train/pos"]]
    total_file_path_list = []
    for i in train_path:
        total_file_path_list.extend([os.path.join(i, j) for j in
os.listdir(i)])
    for cur_path in tqdm(total_file_path_list, ascii=True, desc=
"fitting"):
        word_to_sequence.fit(tokenize(open(cur_path, encoding =
"utf-8").read().strip()))
    word_to_sequence.build_vocab()
    pickle.dump(word_to_sequence, open("model/ws.pkl", "wb"))


fit_save_word_sequence()# 第一次执行需要运行此函数创建词表，之后再运行可
注释掉


ws = pickle.load(open("./model/ws.pkl", "rb"))
```

```
# 2. 实例化，准备 dataloader


dataloader = get_dataloader()


# 3. 观察数据输出结果
for idx, (label, text) in enumerate(dataloader):
    print("idx: ", idx)
    print("lable:", label)
    print("text:", text)
    break
```

运行代码，得到输出结果如下（图6-4）：

```
LSTM ×
D:\Anaconda3\envs\NLP\python.exe E:/MyCode/Python/TextClassifier/LSTM.py
(2, ['Story', 'of', 'a', 'man', 'who', 'has', 'unnatural', 'feelings', 'for', 'a', 'pig', 'Starts
fitting:   9%|9          | 2356/25000 [00:05<00:47, 471.95it/s]
```

图 6-4　数据处理输出结果

执行 fit_save_word_sequence( ) 函数进行词表创建，创建好的词表文件会保存到文件 "./model/ws.pkl"，注意，model 文件夹需要提前创建！词表文件创建之后就可以直接通过语句 ws = pickle.load(open("./model/ws.pkl", "rb")) 来直接加载，不需要每次都创建。通过文本序列化后，数据被处理为如下形式（图6-5）：

```
LSTM ×
       [19427,  1435, 92593,  ...,  40242,    89, 10505]])
idx:  0
lable: tensor([8, 0, 9, 9, 1, 2, 6, 6, 2, 8, 0, 0, 0, 2, 7, 0, 3, 9, 9, 7, 1, 9, 2, 1,
        9, 1, 7, 0, 9, 0, 7, 0, 6, 9, 6, 7, 8, 7, 6, 9, 3, 6, 1, 7, 7, 0, 7, 9,
        7, 6, 1, 2, 7, 1, 3, 0, 7, 3, 9, 9, 2, 6, 7, 9])
text: tensor([[  483,    18,     4,  ...,   318,   564,   344],
        [   59,   489,    16,  ...,    67,  1112,    10],
        [60055, 41625,    18,  ..., 30565,   122,  1285],
        ...,
```

图 6-5　数据处理形式

（3）创建模型。

使用 PyTorch 中的 LSTM API 创建 LSTM 模型：

```python
# 模型
class IMDBModel(nn.Module):
    def __init__(self):
        super(IMDBModel, self).__init__()
        self.hidden_size = 64
        self.embedding_dim = 200
        self.num_layer = 2
        self.bidirectional = True
        self.bi_num = 2 if self.bidirectional else 1
        self.dropout = 0.5
        # 以上部分为超参数，可以自行修改
        self.embedding = nn.Embedding(len(ws), self.embedding_dim,
padding_idx=ws.PAD)
        self.lstm = nn.LSTM(self.embedding_dim, self.hidden_size,
                            self.num_layer, bidirectional=True,
dropout=self.dropout)
        self.fc = nn.Linear(self.hidden_size * self.bi_num, 20)
        self.fc2 = nn.Linear(20, 10)


    def forward(self, x):
        x = self.embedding(x)
        x = x.permute(1, 0, 2)  # 进行轴交换
        h_0, c_0 = self.init_hidden_state(x.size(1))
        _, (h_n, c_n) = self.lstm(x, (h_0, c_0))
# 只要最后一个 lstm 单元处理的结果，取前向 LSTM 和后向 LSTM 的结果进行简单拼接
        out = torch.cat([h_n[-2, :, :], h_n[-1, :, :]], dim=-1)
        out = self.fc(out)
```

```python
        out = F.relu(out)
        out = self.fc2(out)
        return F.log_softmax(out, dim=-1)


    def init_hidden_state(self, batch_size):
        h_0 = torch.rand(self.num_layer * self.bi_num, batch_size, self.
hidden_size).to(device)
        c_0 = torch.rand(self.num_layer * self.bi_num, batch_size, self.
hidden_size).to(device)
        return h_0, c_0


# 创建模型实例
imdb_model = IMDBModel()
optimizer = optim.Adam(imdb_model.parameters())
criterion = nn.CrossEntropyLoss()
```

（4）训练和测试。

创建训练和测试函数：

```python
# 训练函数
def train(epoch):
    mode = True
    train_dataloader = get_dataloader(mode)
    for idx, (target, input) in enumerate(train_dataloader):
        optimizer.zero_grad()
        output = imdb_model(input)
        loss = F.nll_loss(output, target)
        loss.backward()
        optimizer.step()
        if idx % 10 == 0:
            print('Train Epoch: {} [{}/{} ({:.0f}%)]\tLoss: {:.6f}'.
```

```
format(
                epoch, idx * len(input), len(train_dataloader.
dataset),
                    100. * idx / len(train_dataloader), loss.
item()))
        torch.save(imdb_model.state_dict(), "model/imdb_net_
lstm.pkl")
        torch.save(optimizer.state_dict(), 'model/imdb_
optimizer_lstm.pkl')


# 测试函数
def val():
    test_loss = 0
    correct = 0
    mode = False
    imdb_model.eval()
    test_dataloader = get_dataloader(mode)
    with torch.no_grad():
        for target, input in test_dataloader:
            output = imdb_model(input)
            test_loss += F.nll_loss(output, target, reduction="sum")
            pred = torch.max(output, dim=-1, keepdim=False)[-1]
            correct += pred.eq(target.data).sum()
            test_loss = test_loss / len(test_dataloader.dataset)
            print('\nTest set: Avg. loss: {:.4f}, Accuracy: {}/{} ({:.
2f}%)\n'.format(
                test_loss, correct, len(test_dataloader.dataset),
                100. * correct / len(test_dataloader.dataset)))
if __name__ == '__main__':
```

```
# 训练和测试

val()

for i in range(3):

    train(i)

    print(" 训练第 {} 轮的测试结果

--------------------------------".format(i + 1))

    val()
```

执行完整代码，开始进行模型的训练和测试，训练好的模型保存为"model/imdb_net_lstm.pkl"和"model/imdb_optimizer_lstm.pkl"，如图6-6所示。

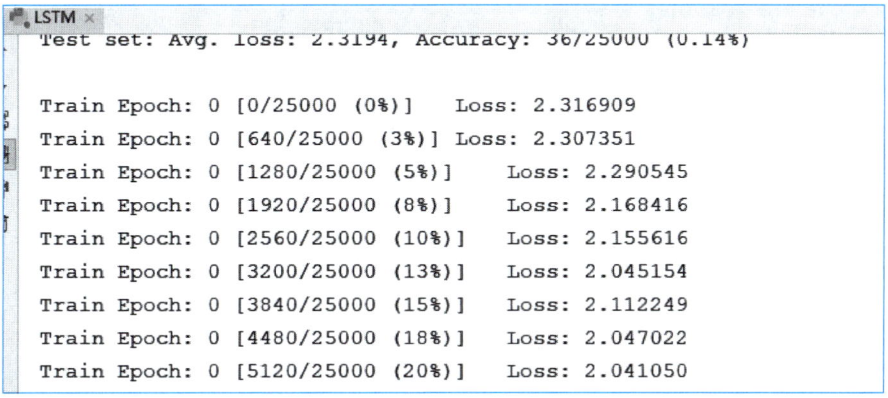

```
LSTM ×
Test set: Avg. loss: 2.3194, Accuracy: 36/25000 (0.14%)

Train Epoch: 0 [0/25000 (0%)]    Loss: 2.316909
Train Epoch: 0 [640/25000 (3%)]  Loss: 2.307351
Train Epoch: 0 [1280/25000 (5%)]    Loss: 2.290545
Train Epoch: 0 [1920/25000 (8%)]    Loss: 2.168416
Train Epoch: 0 [2560/25000 (10%)]   Loss: 2.155616
Train Epoch: 0 [3200/25000 (13%)]   Loss: 2.045154
Train Epoch: 0 [3840/25000 (15%)]   Loss: 2.112249
Train Epoch: 0 [4480/25000 (18%)]   Loss: 2.047022
Train Epoch: 0 [5120/25000 (20%)]   Loss: 2.041050
```

图 6-6　模型训练时的输出

第 7 章 手写数字识别

在信息化时代，手写数字识别技术具有重要的实际应用价值。手写数字识别技术是指利用计算机视觉和机器学习算法，自动识别和转换手写体数字为计算机可接收的信息。随着电子文档的普及，越来越多的纸质文档需要数字化处理，而手写数字作为信息的重要组成部分，其识别的速度和准确性直接影响到整个文档处理流程的效率。手写数字识别技术在现实生活中具有广泛的应用场景，如邮政编码识别、支票金额识别、试卷评分等。

目前计算机视觉作为手写数字识别的主流技术，可以通过传统的特征提取方法或者构建深度神经网络，实现对复杂手写数字的精确识别。在这个过程中，我们将面临以下几个挑战。

（1）手写数字的多样性：不同人的书写风格各异，如何让模型适应这种多样性是关键问题。

（2）数据预处理：将手写数字图像转化为适合神经网络处理的格式，需要一定的图像处理技巧。

（3）模型训练与优化：如何选择合适的网络结构、激活函数和优化算法，以提高识别准确率。

本章旨在开发一个基于 TensorFlow 的手写数字识别系统，帮助读者熟悉深度学习开发的流程和相关工具的使用。本章代码在以下环境测试通过：Python = 3.6，tensorflow-GPU = 1.11，opencv = 3.4.1，CUDAToolkit = 11.3。

7.1 环境配置

1. 创建环境

以管理员模式打开 Anaconda Prompt，在命令行输入指令（如果已经有 Python 3.6 环境，可跳过此步骤，直接激活对应环境）：

```
conda create -n DIP python=3.6
```

准备好之后输入 y 开始创建虚拟环境 DIP（DIP 可以自己命名，修改相应命令即可）：

2. 安装相应的库

使用以下命令切换到 DIP 环境：

```
activate DIP
```

使用以下命令安装 opencv：

```
conda install opencv
```

使用以下命令安装 tensorflow：

CPU 版本：

```
conda install tensorflow==1.11
```

GPU 版本：

```
conda install tensorflow-gpu==1.11
```

使用以下命令安装 Spyder（也可以在 Pycharm 中配置 DIP 环境）：

```
conda install spyder
```

7.2 MNIST 数据集

MNIST 数据集识别是在机器学习领域中的一个经典问题。该问题旨在将 28×28 px 的灰度手写数字图片识别为相应的数字，其中数字的范围从 0 到 9。

一张图片是一个 28×28 px 矩阵（图 7-1），我们可以用一个同样大小的二维整数矩阵来表示（图 7-2）。

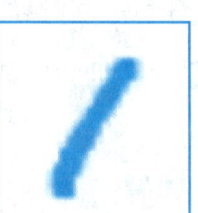

图 7-1　MNIST 数据集样本示例

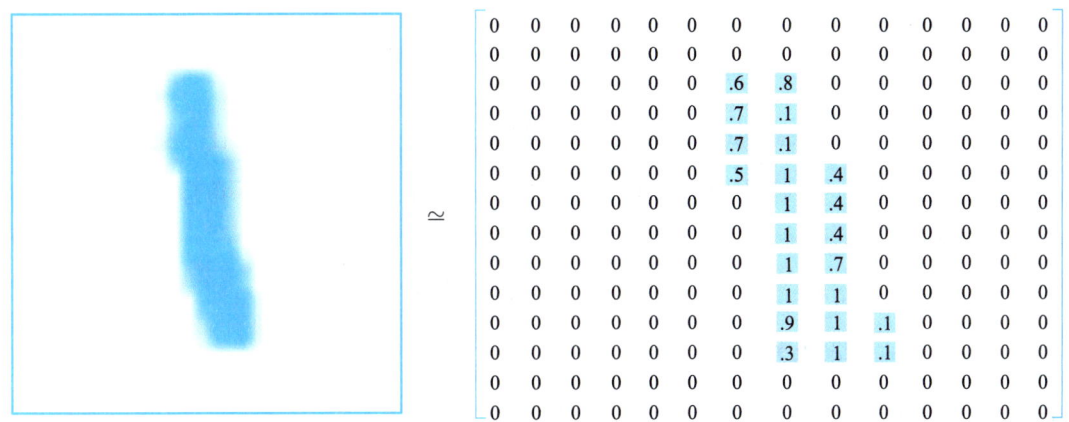

图 7-2 MNIST 数据集样本的矩阵表示

MNIST 的训练数据集可以是一个形状为 55 000 × 784 维的 tensor（图 7-3），也就是一个多维数组，第一维表示图片的索引，第二维表示图片中像素的索引（"tensor"中的像素值在 0~1 之间）。

mnist.train.xs

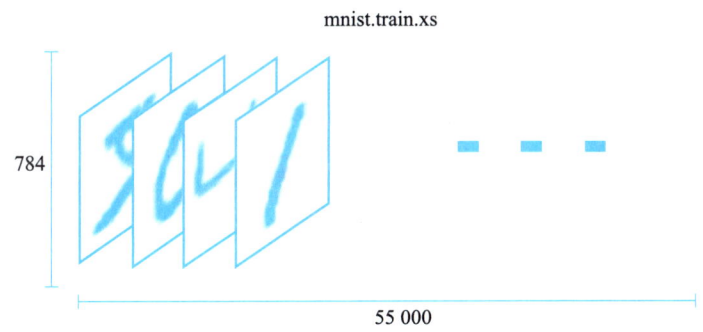

图 7-3　MNIST 数据集训练数据维度表示

mnist.train.labels 是一个 55 000 × 10 的二维数组，如图 7-4 所示。

mnist.train.ys

图 7-4　MNIST 数据集训练集标签维度表示

7.3 代码实现

在"开始"菜单找到 Anaconda3 目录下的 Spyder（DIP），右击，在"更多"中选择"以管理员身份运行"，打开 Spyder（或者在 PyCharm 中选择对应的环境）。

1. 数据加载及模型训练

新建文件 mnist_train.py，进行数据加载及模型训练。

（1）导入所需的各类模块。

```
import tensorflow as tf #TensorFlow
import os # 文件夹操作
import numpy as np
import cv2 #opencv
from tensorflow.examples.tutorials.mnist import input_data
#tensorflow 官方示例
```

（2）获取数据并转存成图像。

```
mnist=input_data.read_data_sets('./data',one_hot=True)
# 从 TensorFlow 官方网站下载手写数字识别数据


def reconstruct_image():# 将下载的数据转存成图像
    for i in range(10):
        if not os.path.exists('./{}'.format(i)):#if NO-existent
create a path
            os.makedirs('./{}'.format(i))
            batch_size=1
            for i in range(int(mnist.train.num_examples / batch_
size)):
                # x_data:[[784]],y_data:[[10]]
                x_data, y_data = mnist.train.next_batch(batch_
size)
```

```
img=np.reshape(np.array(x_data[0]*255,dtype='uint8'),newshape=
(28,28))# 图像 reshape
                    dir=np.argmax(y_data[0])
                    cv2.imwrite('./{}/{}.bmp'.format(dir,i),img)#opencv 保
存图像

reconstruct_image()
```

运行这段代码后，会在文件当前目录下生成以 0~9 命名的文件夹（图 7–5），里面分别保存对应的手写数字 0~9 的图像，图像为 28×28 的灰度图，如图 7–6 所示。

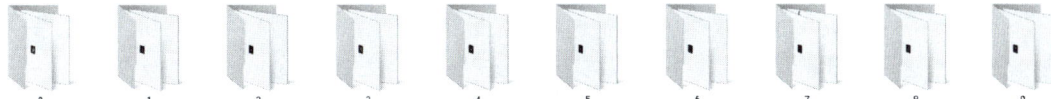

图 7–5　MNIST 数据集转存为图像后的存储结构

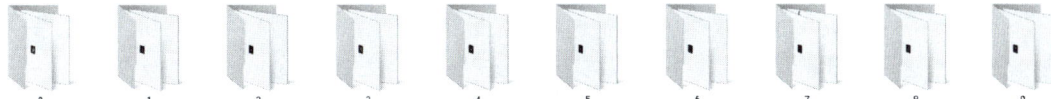

图 7–6　MNIST 数据集转存为图像后的图像示例

（3）构建模型。

```
tf.reset_default_graph()
#input_layer
x =tf.placeholder(dtype=tf.float32,shape=[None,784],name='x')
#label
y =tf.placeholder(dtype=tf.float32,shape=[None,10],name='y')
batch_size=1000
```

```
def
add_layer(input_data,input_num,output_num,activation_
function=None):#TensorFlow创建神经网络层
    #output=input_data*weight+bias

w=tf.Variable(initial_value=tf.random_normal(shape=[input_
num,output_num]))
    b=tf.Variable(initial_value=tf.random_normal(shape=[output_
num]))
    output=tf.add(tf.matmul(input_data,w),b,name='output')

    #activation_function参数决定输出是否使用激活函数以及激活函数类型
    if activation_function:
        output=activation_function(output)
    return output


def build_nn(data):# 创建 CNN 网络
    hidden_layer1=add_layer(data,784,100,activation_function=tf.
nn.sigmoid)
hidden_layer2=add_layer(hidden_layer1,100,50,activation_
function=tf.nn.sigmoid)
    ouput_layer=add_layer(hidden_layer2,50,10)
return ouput_layer
```

由于输入的图片是 55 000×784 矩阵。所以创建一个［None，784］的占位符 x 和一个［None，10］的占位符 y，使用 feed 机制将图片和标签输入到模型中。

因为输入往往会带有一些无关的干扰量。所以加入一个额外的偏置量（bias）。因此对于给定的输入图片 x 它代表的是数字的证据可以表示为：

$$evidence_i = \sum_j W_{i,j} x_j + b_i$$

其中，W_i 代表权重，b_i 代表数字 i 类的偏置量，j 代表给定图片 x 的像素索引用于像素求和。然后用 softmax 函数可以把这些证据转换成概率 y，如图 7-7 所示。

$$y = \mathrm{softmax}(\,\mathrm{evidence}\,)$$

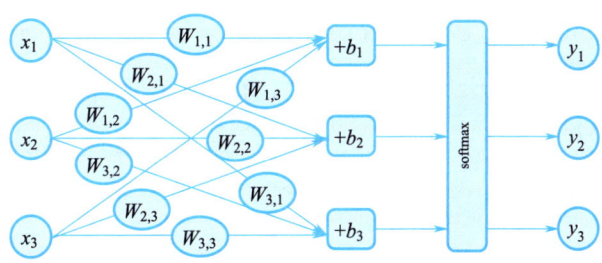

图 7-7　模型示意图

（4）训练及保存模型。

```
def train_nn(data):
    #ouput of NN
    ouput=build_nn(data)

loss=tf.reduce_mean(tf.nn.softmax_cross_entropy_with_
logits(labels=y,logits=ouput))

optimizer=tf.train.GradientDescentOptimizer(learning_rate=1).
minimize(loss)
    saver=tf.train.Saver()#save the finshed model
    with tf.Session() as sess:
        sess.run(tf.global_variables_initializer()) #for all
elements init
        model_path = r'./medl/model'
        for i in range(400):
            epoch_cost=0
            for _ in range(int(mnist.train.num_examples / batch_
size)):
                x_data,y_data=mnist.train.next_batch(batch_
```

```
size)#means get (batch_size=1000)pieces of pictures
                cost,_=sess.run([loss,optimizer],feed_dict={x:x_
data,y:y_data})
                epoch_cost+=cost
            print("Epoch:",i,": ",epoch_cost)
            #tf.argmax : reutrn the index of the  max number  .matrix,
1: row or 0:column
        accuracy
=tf.reduce_mean(tf.cast(tf.equal(tf.argmax(y,1),tf.argmax
(ouput,1)),tf.float32))
acc=sess.run(accuracy,feed_dict={x:mnist.test.images,y:mnist.test.
labels})
        print(acc)
        saver.save(sess,model_path)
train_nn(x)
```

　　该过程在反向传播中完成，反向传播过程就是沿着正向传播的反方向将误差传递回去，涉及 L1、L2 正则化，学习率自适应和随机梯度下降算法。

　　为了训练我们的模型，我们首先需要定义一个指标来评估这个模型是好的。在机器学习中，这个指标称为成本（cost）或损失（loss），然后尽量最小化这个指标。本项目中成本函数为"交叉熵"（cross-entropy）。

　　TensorFlow 用梯度下降算法以 0.01 的学习速率最小化交叉熵。梯度下降算法（gradient descent algorithm）也称为最速下降法，是一个简单的学习过程，TensorFlow 只需将每个变量一点点地往使成本不断降低的方向移动，求解极小值，递归性的逼近最小偏差模型。

　　利用 MNIST 里的测试数据测试模型。找出那些预测正确的标签。由于标签向量由 0 和 1 组成，因此最大值 1 所在的索引位置就是类别标签，为了确定正确预测项的比例，我们可以把布尔值转换成浮点数，然后取平均值。最后，我们计算所学习到的模型在测试数据集上面的准确率。

　　tf.argmax（output，1）返回的是模型对于任一输入 x 预测到的标签值，而 tf.argmax

（y，1）代表正确的标签，而用 tf.equal 来检测预测标签是否与真实标签相匹配。

运行后，会输出每一轮训练后的 loss 值，训练完成后会给出模型在测试集上的准确率，如图 7-8 所示。并将训练好的模型保存在文件所在目录下的 /medl/model 中，如图 7-9 所示。

```
Epoch:  373  :  1.1494180848821998
Epoch:  374  :  1.1453976267948747
Epoch:  375  :  1.1387695204466581
Epoch:  376  :  1.131367914378643
Epoch:  377  :  1.1281359903514385
Epoch:  378  :  1.1203055521473289
Epoch:  379  :  1.1154141621664166
Epoch:  380  :  1.1099377423524857
Epoch:  381  :  1.105392573401332
Epoch:  382  :  1.0995948864147067
Epoch:  383  :  1.0934779569506645
Epoch:  384  :  1.0876260213553905
Epoch:  385  :  1.0826375372707844
Epoch:  386  :  1.0771873574703932
Epoch:  387  :  1.072754210792482
Epoch:  388  :  1.065636245533824
Epoch:  389  :  1.0618727169930935
Epoch:  390  :  1.0570010505616665
Epoch:  391  :  1.05087164696306
Epoch:  392  :  1.0459091803058982
Epoch:  393  :  1.039544939994812
Epoch:  394  :  1.036629774607718
Epoch:  395  :  1.0290411617606878
Epoch:  396  :  1.026351373642683
Epoch:  397  :  1.020206925459206
Epoch:  398  :  1.015547531656921
Epoch:  399  :  1.0098032113164663
0.948
```

图 7-8　模型训练结果

名称	修改日期	类型	大小
checkpoint	2025/1/4 1:37	文件	1 KB
model.data-00000-of-00001	2025/1/4 1:37	DATA-00000-OF...	329 KB
model.index	2025/1/4 1:37	INDEX 文件	1 KB
model.meta	2025/1/4 1:37	META 文件	38 KB

Data (E:) › MyCode › Python › DIP › medl

图 7-9　保存的模型文件

2. 模型加载及使用

新建 mnist_test.py 文件，用来加载训练好的模型并进行手写数字识别。

（1）导入包。

```python
import tensorflow as tf
import numpy as np
import cv2
```

（2）构建与加载模型相同的模型结构，确保与训练文件中的模型定义完全一致。

```
tf.reset_default_graph()

x =tf.placeholder(dtype=tf.float32,shape=[None,784],name='x')
#label
y =tf.placeholder(dtype=tf.float32,shape=[None,10],name='y')


def add_layer(input_data,input_num,output_num,activation_
function=None):
    #output=input_data*weight+bias

w=tf.Variable(initial_value=tf.random_normal(shape=[input_
num,output_num]))
    b=tf.Variable(initial_value=tf.random_normal(shape=[output_
num]))
    output=tf.add(tf.matmul(input_data,w),b,name='output')

    #activation?ouput = activation_function(output) : output
    if activation_function:
        output=activation_function(output)
    return output


def build_nn(data):
    hidden_layer1=add_layer(data,784,100,activation_function=tf.
nn.sigmoid)

hidden_layer2=add_layer(hidden_layer1,100,50,activation_
function=tf.nn.sigmoid)
    ouput_layer=add_layer(hidden_layer2,50,10)
```

```
    return ouput_layer
```

（3）读取图片函数。

```
def read_data(path):
    image=cv2.imread(path,cv2.IMREAD_GRAYSCALE) #opencv 读取图像
    processed_image=cv2.resize(image,dsize=(28,28)) #opencv 图像缩放
    processed_image=np.resize(processed_image,new_shape=(1,784))
return image,processed_image
```

（4）预测函数。

```
def predict(image_path,sess,ouput):
    image,processed_image=read_data(image_path)
    result=sess.run(ouput,feed_dict={x:processed_image})
    result=np.argmax(result,1)
    print("the pediction is :",result)
    image=cv2.resize(image,(400,400))

cv2.putText(image,'result:{}'.format(result),(20,30),cv2.FONT_
HERSHEY_SIMPLEX,1,(200,255,155),2) #opencv 在图像上打印文本
    cv2.imshow("image",image) #opencv 线上图像
    cv2.waitKey(0)
    cv2.destroyAllWindows()
```

（5）加载训练好的模型并进行预测。

```
with tf.Session() as sess:
    ouput=build_nn(x)
    saver=tf.train.Saver()#save the finshed model
    saver.restore(sess,'./medl/model')
predict('./8/47.bmp',sess,ouput)# 这儿的图像文件换成需要识别的图像
```

运行后，会给出图片的识别结果并标注在图像上，如图 7-10 所示。

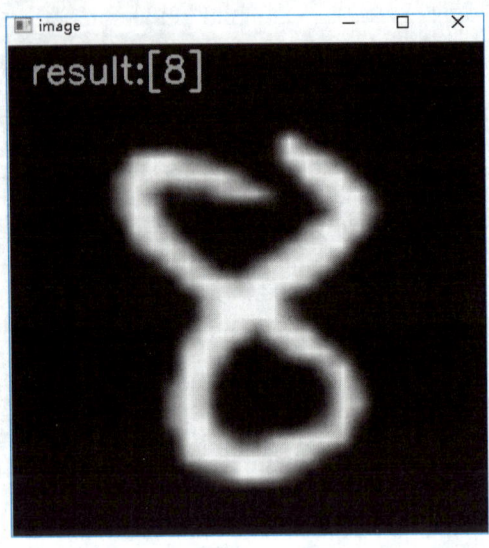

图 7-10　图像识别结果

第8章 人脸识别与计数

本章将基于 OpenCV 的 Haar 特征开发一套人脸识别与计数系统，可以实现对图像和视频中的人脸进行识别和计数。本章代码在以下环境测试通过：Python = 3.9.21，opencv = 4.10.0，PyQt = 5.15.10。

8.1　界面设计

本章使用 PyQt5 来设计并实现界面，如图 8-1 所示。

图 8-1　人脸识别及计数界面设计

窗口整体布局为垂直布局：(widget1 和 widget2)。

widget1：水平布局 (图像显示控件)。

widget2：水平布局 (打开图像按钮、人脸识别按钮、视频人脸检测按钮)。

ui.py 文件实现代码如下：

```
class MainWindowUI(object):
    def setupUi(self, MainWindow):
```

```python
MainWindow.setObjectName("MainWindow")
MainWindow.resize(400, 300)
self.centralwidget = QWidget(MainWindow)

self.setWindowTitle('人脸识别及计数系统')
self.setGeometry(100, 100, 800, 600)

self.main_layout=QVBoxLayout()

self.layout1 = QHBoxLayout()
self.label = QLabel(self)
self.label.setAlignment(Qt.AlignCenter)
self.layout1.addWidget(self.label)

self.layout2 = QHBoxLayout()

self.btn_load = QPushButton('打开图片', self)
self.layout2.addWidget(self.btn_load)

self.btn_detect = QPushButton('人脸识别', self)
self.layout2.addWidget(self.btn_detect)

self.btn_video = QPushButton('视频人脸识别', self)
self.layout2.addWidget(self.btn_video)

self.widget1 = QWidget()
self.widget1.setLayout(self.layout1)

self.widget2 = QWidget()
```

```
        self.widget2.setLayout(self.layout2)


        self.main_layout.addWidget(self.widget1)

        self.main_layout.addWidget(self.widget2)


        self.container = QWidget()

        self.container.setLayout(self.main_layout)

        self.setCentralWidget(self.container)
```

测试界面文件需要完成完整的项目结构，在同一目录下完成任务处理文件 MainWindow.py 的初步代码和 main.py 文件，来测试 UI 界面。

MainWindow.py 代码如下：

```
# MainWindow.py

from ui import ImageBrowserUI as UI # 导入 UI 界面

from PyQt5.QtWidgets import QFileDialog,QMainWindow


class MainWindow(QMainWindow,UI):

    def __init__(self):

        super(MainWindow, self).__init__()

        self.setupUi(self)
```

main.py 代码如下：

```
# main.py

import sys

import MainWindow

from PyQt5.QtWidgets import QApplication


def main():

    app = QApplication(sys.argv)

    window = MainWindow.MainWindow()

    window.show()
```

```
    sys.exit(app.exec_())
if __name__ == '__main__':
    main()
```

运行 main.py，结果如图 8-2 所示。

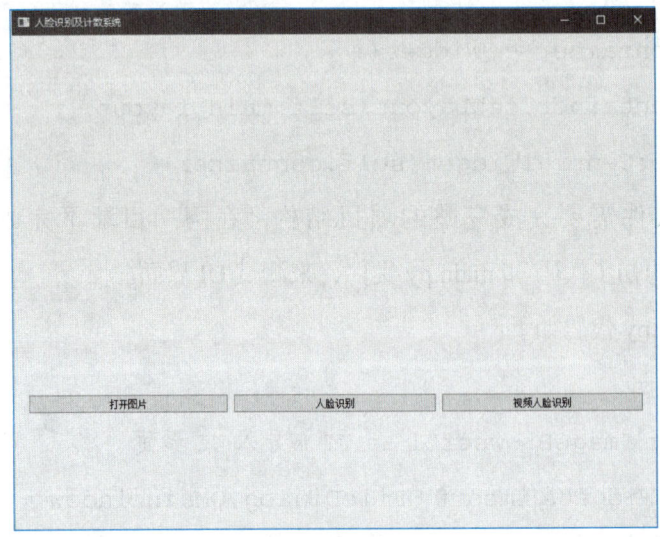

图 8-2　人脸识别及计数系统界面

8.2　功能实现

1. 图像打开及显示函数

在 MainWindow.py 中的 __init__(self) 函数最后添加如下代码，为打开图像按钮添加槽函数：

```
self.btn_load.clicked.connect(self.load_image)
```

函数的实现代码如下：

```
def load_image(self):
        options = QFileDialog.Options()

        file_name, _ = QFileDialog.getOpenFileName(self, "Open Image
File", "", "Images (*.png *.xpm *.jpg *.bmp *.jpeg);;All Files (*)",
options=options)# 文件选择对话框
```

```
        if file_name:
            self.original_image = cv2.imread(file_name)#opencv 的
图像打开函数
            self.image = self.original_image
            self.display_image()
```

完成本函数后，单击"打开"按钮，弹出图像选择对话框，如图8-3所示。

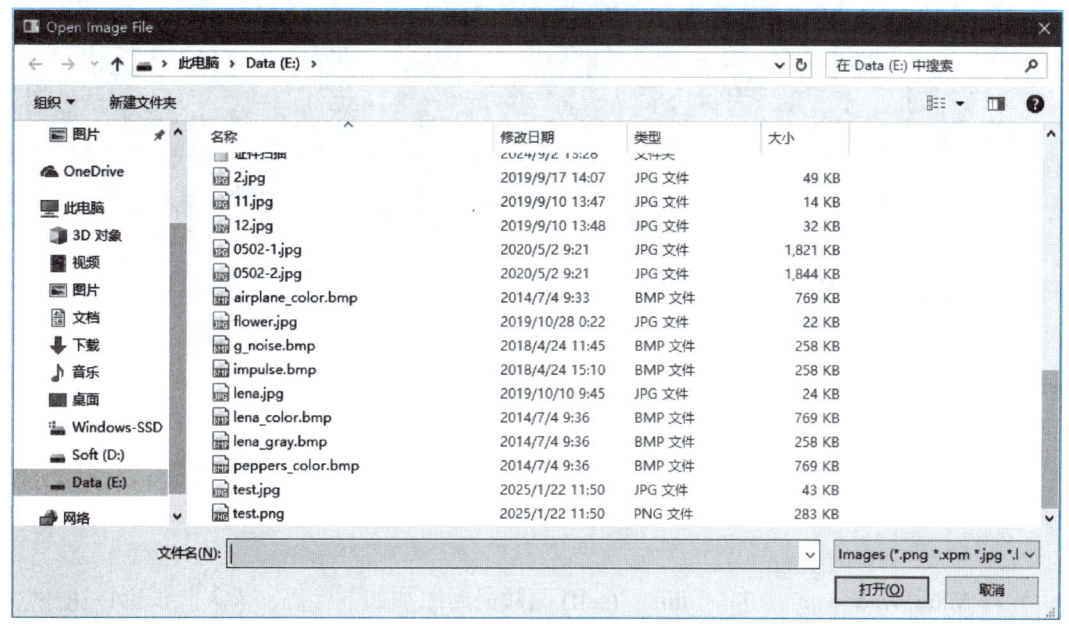

图 8-3 图像选择对话框

2. 图像显示函数

```
def display_image(self,img):
    height, width, channel = img.shape
    bytes_per_line = 3 * width
    q_img = QImage(img.data, width, height, bytes_per_line,
QImage.Format_BGR888)
    self.label.setPixmap(QPixmap.fromImage(q_img))
```

完成本函数后，通过"打开"按钮选择图像后，图像会显示在窗口的图像显示控件中，如图8-4所示。

图 8-4 图像显示结果

3. 人脸识别

在 MainWindow.py 中的 __init__(self) 函数最后添加如下代码，为人脸识别按钮添加槽函数：

```
self.btn_detect.clicked.connect(self.faceDetection)
```

函数的实现代码如下：

```
# 对单张图像进行人脸检测
def detect_image(self,img):
    # 加载预训练的 Haar 特征分类器
    face_cascade =
cv2.CascadeClassifier(r'D:\Anaconda3\envs\DIP39\Library\etc\
haarcascades\haarcascade_frontalface_default.xml')# 将路径替换为自己
计算机的特征文件目录，可以在自己安装的环境目录下搜索 xml
    # 转换为灰度图像，因为 Haar 特征分类器要求灰度图像
```

```python
    gray = cv2.cvtColor(img, cv2.COLOR_BGR2GRAY)
    # 识别图像中的人脸
    faces = face_cascade.detectMultiScale(gray, scaleFactor=1.1,
minNeighbors=5)
    return faces


def faceDetection(self):
    img=self.image.copy()
    faces=self.detect_image(img)
    # 计数识别到的人脸数
    num_faces = len(faces)

    # 在图像上显示人脸数量
    text = "Detected {} faces. "
    cv2.putText(img, text.format(num_faces), (20, 40),
cv2.FONT_HERSHEY_SIMPLEX, 1.0, (0, 0, 255), 2)
    # 在每个人脸周围绘制矩形框
    for (x, y, w, h) in faces:
        cv2.rectangle(img, (x, y), (x+w, y+h), (0, 0, 255), 2)

    self.display_image(img)
```

完成上述代码后，单击"人脸识别"按钮，会在图像中识别人脸并在原图上用矩形框标注，如图 8-5 所示。

图 8-5　人脸识别结果

4. 读取视频并显示

在 MainWindow.py 中的 _ _init_ _(self) 函数最后添加如下代码，为视频人脸识别按钮添加槽函数：

```
                self.btn_video.clicked.connect(self.load_video)
self.timer = QTimer() # 设置定时器，用来显示视频
        self.timer.timeout.connect(self.updateFrame)
                                    # 定时器定时执行的函数
```

函数的实现代码如下：

```
def load_video(self):

    options = QFileDialog.Options()

    fileName, _ = QFileDialog.getOpenFileName(self, "Open Video
File", "", "Video Files (*.mp4 *.avi *.mov);;All Files (*)",
options=options)

    if fileName:
```

```
        self.cap = cv2.VideoCapture(fileName)
        if not self.cap.isOpened():
            print("Error: Could not open video.")
            return
    self.timer.start(20)                    # 每 20 毫秒更新一次帧


def updateFrame(self):
        ret, frame = self.cap.read()    # 从视频中读取一帧图像
        if not ret:
            print("Error: Could not read frame from camera.")
            self.timer.stop()
            self.cap.release()
            return
        self.display_image(frame)
```

完成上述代码后，单击"视频人脸识别"按钮，打开视频文件选择对话框，如图 8-6 所示。选择需要识别的文件，打开后会在图像显示控件播放视频。

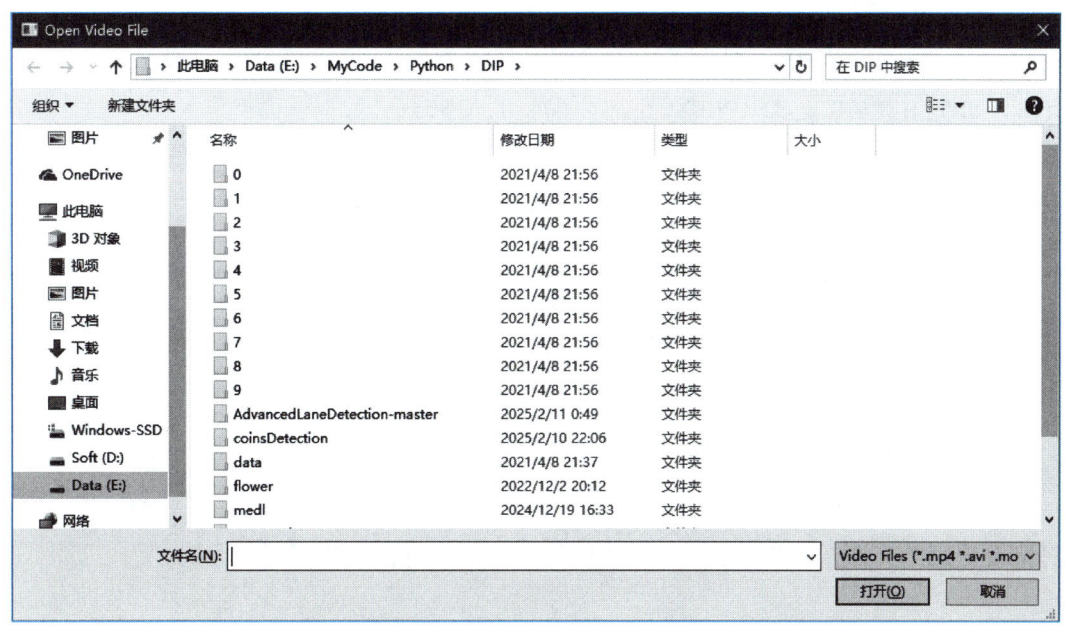

图 8-6　视频文件选择对话框

5. 视频人脸识别

更新 updateFrame（self）函数，加入人脸识别代码：

```python
def updateFrame(self):

    ret, frame = self.cap.read()
    if not ret:
        print("Error: Could not read frame from camera.")
        self.timer.stop()
        self.cap.release()
        return
    # 新增代码
    # 对视频中的每一帧进行人脸识别
    faces=self.detect_image(frame)
    # 计数识别到的人脸数
    num_faces = len(faces)

    text = "Detected {} faces. "
    cv2.putText(frame, text.format(num_faces), (20, 40),
cv2.FONT_HERSHEY_SIMPLEX, 1.0, (0, 0, 255), 2)

    # 在每个人脸周围绘制矩形框
    for (x, y, w, h) in faces:
        cv2.rectangle(frame, (x, y), (x+w, y+h), (0, 0, 255), 2)

    self.display_image(frame)
```

完成上述代码后，单击"视频人脸识别"按钮，会打开视频文件选择对话框，选择需要识别的文件，打开后会对视频中的每一帧图像进行人脸识别并标记。

6. 摄像头检测人脸

修改 load_video（self）函数，将打开视频文件的代码修改为打开摄像头即可实现使用本地摄像头进行人脸识别。

```python
def load_video(self):
    self.cap = cv2.VideoCapture(0)#打开本地摄像头，如果有多个，可以尝试使用参数 0,1,2,…
    if not self.cap.isOpened():
        print("Error: Could not open video.")
        return


    self.timer.start(20)  # 每20毫秒更新一次帧


def updateFrame(self):
    ret, frame = self.cap.read()  #从视频中读取一帧图像
    if not ret:
        print("Error: Could not read frame from camera.")
        self.timer.stop()
        self.cap.release()
        return
    self.display_image(frame)
```

7. 视频停止

```python
def keyPressEvent(self, event):
    if event.key() == Qt.Key_Q:
        self.timer.stop()
        self.cap.release()
```

使用 Qt 的 keyPressEvent 捕捉键盘输入，如果按下 Q 键，则停止视频操作的定时器，停止播放视频并释放摄像头资源。

YOLO（you only look once）系列模型是目标检测领域的经典算法，以速度快、单阶段检测（one-stage）著称，适合实时应用场景。本章将介绍如何使用 YOLOv8 模型实现吸烟行为检测。本章代码在以下环境测试通过：Python = 3.9，PyTorch = 1.12.1，torchvision = 0.13.1，torchaudio = 0.12.1，CUDA Toolkit = 11.3，numpy = 1.23.5，pillow = 11.1.0，ultralytics = 8.3.73。

9.1　环境配置

1. 安装 Anaconda

Anaconda 的安装及镜像源的配置参考第 1 章。

2. 创建 YOLO 环境

以管理员模式打开 Anaconda Prompt，在命令行输入指令：

```
conda create -n YOLO python=3.9
```

准备好之后输入 y 开始创建虚拟环境 YOLO（YOLO 可以自己命名，修改相应命令即可，YOLOv8 支持 Python 3.6 以上版本）。

使用以下命令切换到 YOLO 环境：

```
activate YOLO
```

使用以下命令安装 OpenCV（4.6 以上版本）：

```
conda install opencv=4.11
```

使用以下命令安装 PyTorch：

CPU 版本：

```
conda install pytorch=1.12.1 torchvision=0.13.1 torchaudio=0.12.1
```

GPU 版本（需要显卡支持 CUDA 11.3 以上版本，并且计算机已经安装好对应版本的 CUDA 及 cuDNN）

```
conda install pytorch=1.12.1 torchvision=0.13.1 torchaudio=0.12.1
cudatoolkit=11.3 -c pytorch
```

使用以下命令安装 YOLO：

```
pip install ultralytics
```

使用以下命令更新 pillow 库：

```
conda update pillow
```

使用以下命令安装对应版本 numpy：

```
conda install numpy=1.23.5
```

检查 YOLO 是否安装成功：

```
yolo -v
```

如果安装成功，会显示 YOLO 的版本。

使用以下命令安装 Spyder（也可以使用 PyCharm 配置对应环境）：

```
conda install spyder=4.21
```

3. 下载 YOLO 源代码

在模型的 YOLO GitHub 官网下载源代码，下载页面如图 9-1 所示。

下载 zip 文件：ultralytics-main.zip，解压后生成文件夹 ultralytics-main。

下载 YOLOv8 模型 YOLOv8n：到官网下载预训练模型，下载页面如图 9-2 所示。

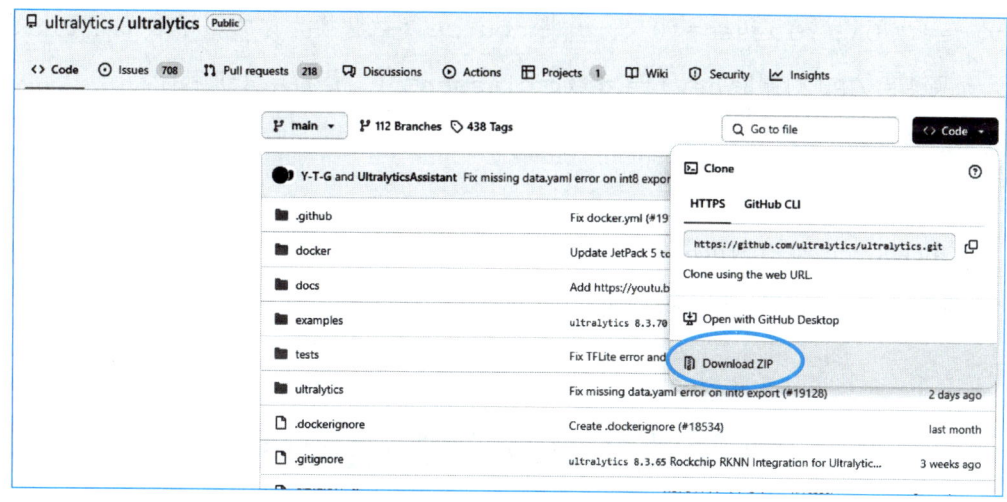

图 9-1 YOLO 源代码下载页面

模型	尺寸(像素)	mAPval 50-95	速度 CPU ONNX (毫秒)	速度 A100 TensorRT (毫秒)	params (M)	FLOPs (B)
YOLOv8n	640	37.3	80.4	0.99	3.2	8.7
YOLOv8s	640	44.9	128.4	1.20	11.2	28.6
YOLOv8m	640	50.2	234.7	1.83	25.9	78.9
YOLOv8l	640	52.9	375.2	2.39	43.7	165.2
YOLOv8x	640	53.9	479.1	3.53	68.2	257.8

图 9-2 YOLOv8n 预训练模型下载页面

4. 测试 YOLOv8 模型：行人识别

打开 Spyder（YOLO），或在 PyCharm 中选择对应环境，在新建文件中输入以下代码，并保存到 ultralytics-main 文件夹下（testYOLO.py）：

```
from ultralytics import YOLO # 导入 YOLO
# 加载模型
model = YOLO('E:/YOLO/ultralytics-main/yolov8n.pt')# 替换为你的模型路径
# 预测图片
results = model.predict(source='E:/YOLO/ultralytics-main/bus.jpg',
```

```
device='CUDA', classes=[0])    # 将 source 参数替换为你的图片路径或文件夹路径,如果使用 CPU 则删除 device 参数,classes=[0] 是指定只识别行人
# 显示结果
results[0].show()
```

YOLOv8 预训练模型可以检测 80 种目标,其中编号 0 为行人,具体的检测种类可以在 ultralytics−main\ultralytics\cfg\datasets 目录下的 coco.yaml 文件中查看,如图 9−3 所示。

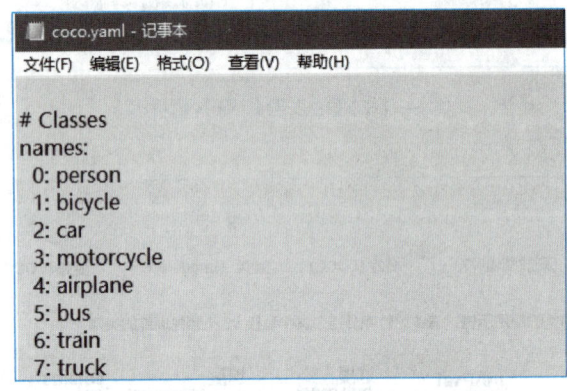

图 9−3　coco.yaml 文件中的检测种类名称

运行程序,可以识别图片中的行人,如图 9−4 所示。

图 9−4　识别图片中的行人

9.2　吸烟行为检测

9.2.1　数据获取

1. 公开数据集资源

（1）Kaggle/Google Dataset Search。

搜索关键词：smoking detection dataset，cigarette detection images

例： 部分公共数据集可能包含吸烟场景（如安全监控类数据集）。

（2）Roboflow Universe。

可筛选 smoking 或 cigarette 标签数据集，支持直接导出 YOLO 格式。

2. 自建数据采集方法

（1）网络爬取。

① 搜索引擎抓取：使用 Python 脚本（如 Selenium＋BeautifulSoup）批量下载 Google/Bing/Baidu 图片（关键词：person smoking，手持香烟，吸烟动作等），需注意版权过滤（选择 CC0 或免费商用图片）。

② 视频抽帧：从 YouTube、bilibili 等平台下载吸烟相关视频，使用 FFmpeg 按帧提取图像（需遵守平台规则）。

（2）合成数据生成。

① GAN 生成图像：使用 StyleGAN3 等生成对抗网络合成吸烟动作图像，需调整参数确保手部与香烟的交互合理性。

② 3D 渲染：通过 Blender/Maya 构建 3D 人体模型，模拟不同角度、光照下的吸烟动作，输出渲染图像。

3. 注意事项

数据多样性：覆盖不同光照、背景、人体姿态、香烟类型（传统烟/电子烟）。

合规性：避免使用涉及隐私的未授权数据，优先使用合成数据。

数据增强：对已有数据应用旋转、模糊、光照变换等，提升模型鲁棒性。

9.2.2　数据标注

1. 数据准备

在开始标注之前，首先需要准备好原始数据集，这些数据可以是图像或视频文件。

确保数据的多样性和代表性，覆盖不同的场景、光照和对象角度。

2. 标注方法

（1）边界框标注（bounding box annotation）。

使用标注工具打开图像，选择目标物体，使用鼠标绘制一个边界框，并为该框分配类别标签（如"人""车""吸烟"）。具体标注方法请参考 3.2 节内容。

（2）YOLO 格式的标注文件。

YOLO 格式的标注文件通常为文本文件，每个图像对应一个同名的 .txt 文件。每行包含以下信息。

① 类别编号（从 0 开始）。

② 边界框中心的 x 坐标（相对于图像宽度的比例）。

③ 边界框中心的 y 坐标（相对于图像高度的比例）。

④ 边界框的宽度（相对于图像宽度的比例）。

⑤ 边界框的高度（相对于图像高度的比例）。

在图 9-5 示例中：

第一行表示类别 0 的对象，中心点在图像的 50% 宽度和 50% 高度处，宽度为 10%、高度为 20%。

第二行表示类别 1 的对象，中心点在图像的 70% 宽度和 80% 高度处，宽度为 5%、高度为 10%。

（3）YOLO 标注文件夹结构（如图 9-6 所示）。

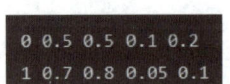

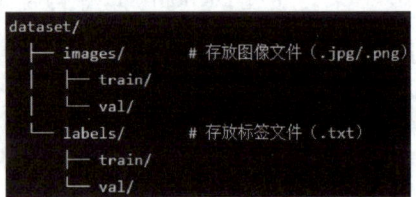

图 9-5　YOLO 标注文件示例　　　　　图 9-6　YOLO 标注文件夹结构

（4）标签文件规则。

每个图像对应一个同名的 .txt 文件，每行表示一个对象，格式：

［class_id］［x_center］［y_center］［width］［height］

（所有坐标值为相对于图像宽度和高度的归一化值，范围 0—1）

9.2.3 模型训练

1. 数据集划分

将数据集划分为训练集、验证集和测试集，常见
比例为：训练集70%；验证集20%；测试集10%。

创建相应的文件夹结构，确保训练和验证时能够
正确读取数据，如图9-7所示。

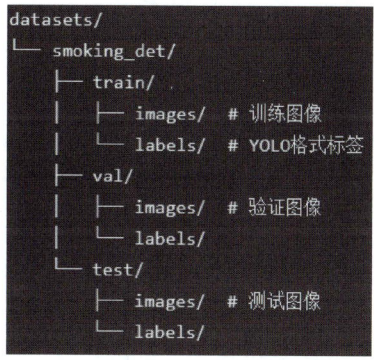

图9-7 数据集文件结构

2. 创建YOLO配置文件

创建一个YOLO配置文件（如yolov8.yaml），指
定模型架构、数据集路径、类别数量等。

示例配置文件：

```
nc: 3 # 类别数，例如吸烟、手、烟头，根据实际的标注类别来调整
train: ../dataset/images/train # 训练集图像目录
val: ../dataset/images/val # 验证集图像目录
```

配置文件中加入下列代码可显示检测类别的名字：

```
name:
0: people
1: xx
...（注：加入的名字数量要与nc数量一致）
```

3. 模型训练

（1）训练命令。

使用命令行启动训练，以下为YOLOv8训练命令示例：

```
python train.py --img 640 --batch 16 --epochs 50 --data yolov8.yaml
--weights yolov8n.pt
```

（2）训练代码。

```
from ultralytics import YOLO
# 加载预训练模型
model = YOLO("yolov8n.pt")
# 训练模型
train_results = model.train(data=" yolov8.yaml",# 加载创建好的YOLO
```

配置文件

```
epochs=100, # 训练轮次
imgsz=640, # 训练图像尺寸
device="cpu", # 设备选择，可以选择"CPU"或者"GPU"，多个GPU显卡可以使用
数字0，1，2，3来选择）
```

4. 模型评估

在验证集上评估模型性能，生成精度（mAP）、召回率等指标。

使用以下命令进行验证：

```
python val.py --weights runs/exp/weights/best.pt --data xx.yaml
```

或者使用代码进行验证，创建一个验证文件 Val.py：

```
from ultralytics import YOLO
# Load a modelmodel = YOLO("yolo11n.pt")
model = YOLO("xx/best.pt")
metrics = model.val()
```

5. 模型预测

```
from ultralytics import YOLO
# Load a modelmodel = YOLO("yolo11n.pt")
model = YOLO("xx/best.pt")
results=model.predict(source='datasets/smoking_det/test/
images',save=True,imgsz=640,
conf=0.4 )
```

6. 常见问题（表9-1）

表9-1　常　用　问　题

问题现象	解决方案
显存不足（OOM）	减小 batch 大小，启用混合精度训练 amp-True
过拟合	增加数据增强，添加 weight_decay=0.0005，减少 epochs

问题现象	解决方案
低 mAP	检查标注质量，使用更大模型（如 yolov8x），增加输入尺寸 imgsz = 1280
训练损失震荡	降低学习率 1r0 = 0.001，启用 cos_1r = True

更多详细教程请参考 GitHub 上的使用手册。

第10章 音频孤立词语识别

孤立词识别（isolated word recognition）是语音识别中的基础任务，其核心目标是从音频中识别出单个、独立的词汇，而非连续的句子。本章将介绍如何在 Google Speech Commands 数据集上进行数字 0~9 的语音识别。本章代码在以下环境测试通过：Python = 3.9，librosa = 0.11.0，PyTorch = 2.3.0，opencv = 4.10.0，scikit-learn = 1.6.1。

10.1 环境配置

1. 创建环境

以管理员模式打开 Anaconda Prompt，在命令行输入指令（如果已经有 Python 3.9 环境，可跳过此步骤，直接激活对应环境）：

```
conda create -n NLP python=3.9
```

2. 安装相应的库

使用以下命令切换到 NLP 环境：

```
activate NLP
```

安装 librosa 库，这个库专门用于音频和音乐信号分析。它提供了一系列功能，包括音频特征提取、音频可视化、节奏分析、音频处理等。安装命令如下：

```
pip install librosa
```

使用以下命令安装 PyTorch：

CPU 版本：

```
conda install pytorch
```

GPU 版本（PyTorch 2.3 需要显卡支持 CUDA 11.7 以上版本，并且计算机已经安装好对应版本的 CUDA 及 cuDNN）：

```
conda install pytorch cudatoolkit
```

使用以下命令安装 scikit-learn：

```
conda install scikit-learn
```

10.2 数据集

Google Speech Commands Dataset 是一个用于语音识别任务的数据集，包含超过 65 000 个 1 秒长的音频文件，每个文件对应一个简短的语音命令。这些命令包括常见的单词和短语，如数字 'zero' 到 'nine', 'yes', 'no', 'up', 'down', 'left', 'right', 'on', 'off', 'stop', 'go' 等。数据集旨在帮助研究人员和开发者训练和评估语音识别模型。

数据集下载后解压至 datasets 文件夹，文件组织结构如图 10-1 所示。

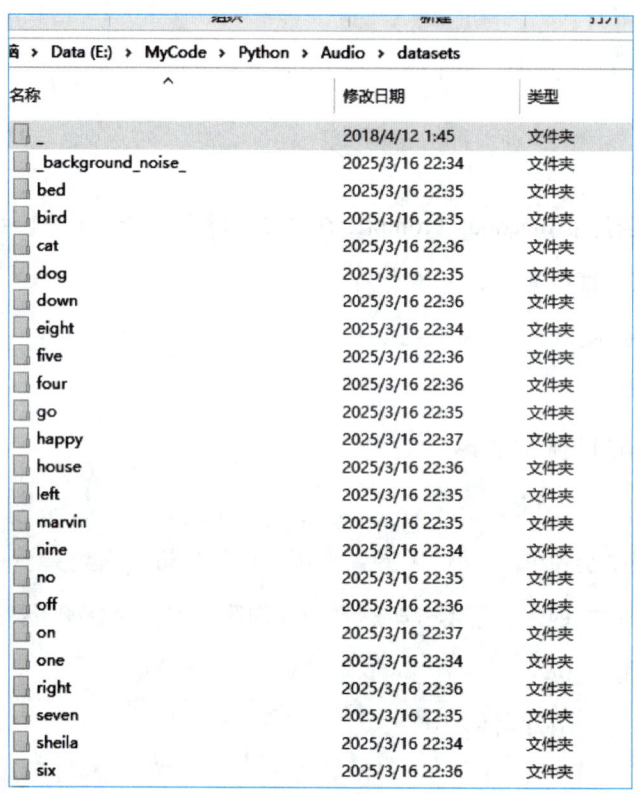

图 10-1   数据集文件组织结构

10.3 代码实现

1. 导入包

创建 regWord.py 文件，导入需要的包：

```
import os
import librosa
import cv2
import torch.nn.functional as F
from sklearn.metrics import accuracy_score, precision_score,
recall_score, f1_score
from sklearn.model_selection import train_test_split
import torch.utils.data as Data
import numpy as np
import torch
from torch import nn
```

2. 提取语音图谱

对数据集提取语音图谱（spectrogram），并保存数据集和标签集。

具体代码如下：

```
def get_spectrogram(path):
    data, fs = librosa.load(path, sr=None, mono=True)
    spect = librosa.stft(data, n_fft=1024, hop_length=320, win_
length=1024)
    print(spect.shape)
    return spect


def extract_features():
    data_path = "./datasets"
    labels = ['zero', 'one', 'two', 'three', 'four', 'five', 'six', 'seven',
'eight', 'nine']
```

```python
    print("标签名：", labels)


total_data = []

total_label = []


for label in labels:
    label_path = data_path + "\\" + label
    wav_names = os.listdir(label_path)
    for wav_name in wav_names:
        if wav_name.endswith(".wav"):
        wav_path = label_path + "\\" + wav_name
        print(wav_path)
        spect = get_spectrogram(wav_path)
        spect = np.abs(spect)
        spect = cv2.resize(spect, (28, 28))
        total_data.append(spect)
        total_label.append(labels.index(label))


total_data = np.array(total_data)

total_label = np.array(total_label)

print(total_data.shape)

print(total_label.shape)

np.save("data.npy", total_data)

np.save("label.npy", total_label)
```

extract_features() # 数据特征及标签处理，如果已经有保存好的文件，可以注释掉

运行代码，对数据集进行处理，并将处理后的数据集和标签集保存为文件 data.npy、label.npy，如图 10-2 所示。

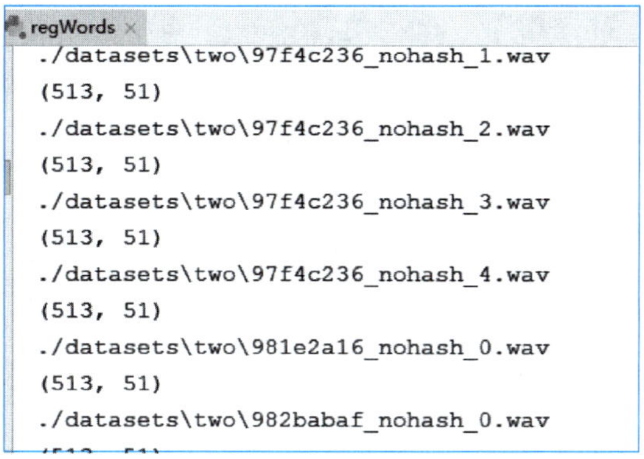

图 10-2 提取语音代码图谱运行结果

3. 构建模型

使用 PyTorch 创建一个 CNN 模型：

```python
class CNN(nn.Module):

    def __init__(self):
        super(CNN, self).__init__()
        self.conv1 = nn.Sequential(
            nn.Conv2d(
                in_channels=1,     # 输入为单层图像
                out_channels=16,   # 卷积成 16 层
                kernel_size=5,     # 卷积壳 5x5
                stride=1,          # 步长，每次移动 1 步
                padding=2,   # 边缘层，给图像边缘增加像素值为 0 的框
            ),
            nn.ReLU(),  # 激活函数
            nn.MaxPool2d(kernel_size=2),  # 池化层，将图像长宽减少一半
        )
        self.conv2 = nn.Sequential(
            nn.Conv2d(16, 32, 5, 1, 2),
            nn.ReLU(),
            nn.MaxPool2d(2),
```

```
        )

        self.out = nn.Linear(32 * 7 * 7, 10)


    def forward(self, x):
        x = self.conv1(x)
        x = self.conv2(x)
        x = x.view(x.size(0), -1)
        output = self.out(x)
        return output
```

4. 模型训练和评估

具体代码如下：

```
# 模型训练函数
def train_model(net, data, label, lr, batch_size, epoch):
    print(net)  # 输出模型结构
    # net = net.cuda()# 如果支持 GPU 取消注释
    data = torch.Tensor(data)
    data = data.unsqueeze(1)
    label = torch.Tensor(label).long()
    # data =data.cuda()# 如果支持 GPU 取消注释
    # label=label.cuda()# 如果支持 GPU 取消注释
    # 训练集和测试集 7：3
    train_data, test_data, train_label, test_label = train_test_
split(data, label, test_size=0.3, random_state=0)


    # 学习率
    LR = lr
    # 每次投入训练数据大小
    BATCH_SIZE = batch_size
```

```python
# 训练模型次数
EPOCH = epoch

optimizer = torch.optim.Adam(net.parameters(), lr=LR)

train_dataset = Data.TensorDataset(train_data, train_label)
train_loader = Data.DataLoader(
    dataset=train_dataset,
    batch_size=BATCH_SIZE,
    shuffle=True,
)

test_dataset = Data.TensorDataset(test_data, test_label)
test_loader = Data.DataLoader(
    dataset=test_dataset,
    batch_size=BATCH_SIZE,
    shuffle=True,
)
scheduler = torch.optim.lr_scheduler.OneCycleLR(optimizer, LR,
epochs=EPOCH, steps_per_epoch=len(train_loader))

for epoch in range(EPOCH):
    for step, (batch_data, batch_label) in enumerate(train_loader):
        print('Epoch:', epoch + 1, '/', EPOCH, 'Step:', step)
        prediction = net(batch_data)
        loss = F.cross_entropy(prediction, batch_label)
        optimizer.zero_grad()
        loss.backward()
        optimizer.step()
```

```
                scheduler.step()

                if step % 50 == 0:
                    accuracy = []
                    for stp, (test_x, test_y) in enumerate(test_loader):
                        test_output = net(test_x)
                        _, pred_y = torch.max(test_output, 1)
                        accuracy.append(torch.sum(pred_y == test_y).
item() / len(test_y))

                    print('Epoch', epoch + 1, '| train loss:%.4f' % loss, '|
test accuracy:%.4f' % np.mean(accuracy))


    return net


# 模型评估函数
def val_model(net, data, label):
    data = torch.Tensor(data)
    data = data.unsqueeze(1)
    label = torch.Tensor(label).long()
    # 训练集和测试集 7：3
    train_data, test_data, train_label, test_label = train_test_
split(data, label, test_size=0.3, random_state=0)

    test_dataset = Data.TensorDataset(test_data, test_label)
    test_loader = Data.DataLoader(
        dataset=test_dataset,
        batch_size=32,
        shuffle=True,
```

```
    )

    y_true = []
    y_pred = []
    for stp, (test_x, test_y) in enumerate(test_loader):
        test_output = net(test_x)
        _, pred_y = torch.max(test_output, 1)
        y_true.extend(test_y)
        y_pred.extend(pred_y)

    print("Accuracy:", accuracy_score(y_true, y_pred))
    print("Precision_score:", precision_score(y_true, y_pred,
average='macro'))
    print("Recall_score:", recall_score(y_true, y_pred, average='macro'))
    print("F1_score", f1_score(y_true, y_pred, average='macro'))


data = np.load("data.npy")# 读取处理好的数据
label = np.load("label.npy")# 读取处理好的标签


cnn = CNN()# 创建模型的实例
cnn = train_model(cnn, data, label, lr=0.03, batch_size=500,
epoch=20)# 模型训练
torch.save (cnn, "cnn.pkl")# 保存训练好的模型


val_model(cnn, data, label)# 模型评估
```

运行代码，进行模型训练与评估，训练 20 个 epoch 后，模型准确率为 88%，如图 10-3 所示。

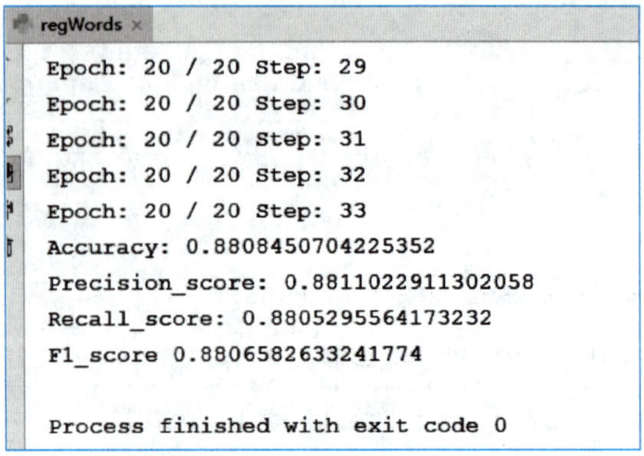

图 10-3　模型训练过程及结果

5. 模型预测

使用训练好的模型来对输入的语音进行预测：

```python
def predict(model, file):# 模型预测函数
    spect = get_spectrogram(file)
    spect = np.abs(spect)
    spect = cv2.resize(spect, (28, 28))
    data = torch.Tensor(spect)
    data = data.unsqueeze(0)
    data = data.unsqueeze(0)


    output = model(data)
    confidence, pred_y = torch.max(output, 1)
    print(" 识别结果为： ", pred_y.numpy())


file = "./datasets/zero/096456f9_nohash_0.wav" # 待识别的语音数据
cnn = torch.load("cnn.pkl")# 加载训练好的模型
predict(cnn, file) # 使用模型进行识别
```

运行后，给出预测结果（运行预测代码时，可以注释模型训练和评估的代码行），如图 10-4 所示。

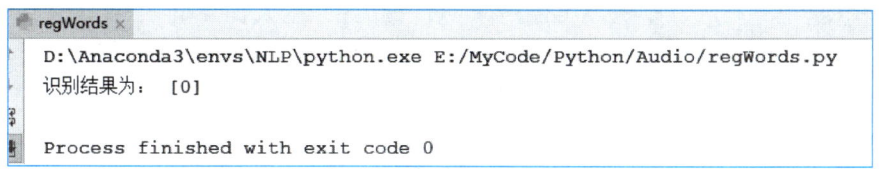

图 10-4　孤立语音识别结果

第 11 章 数据处理综合案例

11.1 电子商务平台顾客市场细分

顾客市场细分（customer market segmentation，CMS）是指通过将目标市场划分为具有相似需求、行为或特征的子群体，帮助企业更精准地制定产品、定价、推广和渠道策略。在电子商务领域，消费者在线浏览和购买商品的过程中会产生大量的数据，通常包括两类：一类是交易相关数据，例如用户名、年龄、性别、商品名称、单价、订单金额等。另一类是用户行为数据，例如用户浏览路径、页面停留时间、订单支付时间等行为数据。电子商务企业可以收集用户在电商平台产生的行为数据和消费数据，并进行包括顾客市场细分等多层次分析，从而提高消费者在电商平台的购物体验和交易额。

本案例通过对消费者在电商平台产生的数据进行分析，实现顾客市场细分，将消费者划分为不同的类型，进而推断不同类型消费者的购物行为特点，制定差异化的营销策略。

本节需要使用 pandas 库和 sklearn 库，以管理员模式打开 Anaconda Prompt，激活对应环境后进行安装：

使用以下命令安装 pandas 库：

```
conda install pandas
```

使用以下命令安装 sklearn 库：

```
conda install scikit-learn
```

本节代码在以下环境测试通过：Python=3.7.0，pandas=0.23.4，scikit-learn=0.19.2，matplotlib=2.2.3。

11.1.1 数据集介绍

本案例使用美国加州大学欧文分校（简称 UCI）提供的 Online Shoppers Purchasing

Intention Dataset 数据集。该数据集记录了某电商平台上消费者的浏览行为数据和购买行为数据。这些数据均记录在用户产生的 session 记录中，共 12 330 条 session 记录。当用户登录该电商平台浏览或者购买商品时，浏览器便会产生 session 记录，并由电商平台的服务器记录下来。每一条 session 记录均包含 18 个字段，每个字段的取值范围由该电商平台的特点所决定。所有字段信息如表 11-1 所示。

表 11-1　数据集字段

属性	含义	取值范围
Administrative	用户行为涉及的页面数量	$\{x \in N \mid x \geq 0\}$
Administrative_Duration	用户行为涉及的页面的总时长（s）	[0,3399]
Informational	浏览有关网站、对话和地址等信息类页面的数量	$\{x \in N \mid 0 \leq x \leq 24\}$
Information_Duration	浏览信息类页面的总时长（s）	[0,2550)
ProductRelated	浏览商品类页面的数量	$\{x \in N \mid 0 \leq x \leq 705\}$
ProductRelated_Duration	浏览商品类页面的总时长（s）	[0,63974)
BounceRates	浏览所有入口页面的跳出率均值	[0,0.2]
ExitRates	浏览页面的退出率均值	[0,0.2]
PageValues	浏览页面的页面价值的均值	[0,362]
SpecialDay	页面浏览日期与节假日的靠近程度	{0,0.2,0.4,0.6,0.8,1}
Month	页面浏览日期所在月份	1~12 月英文缩写
OperationSystems	用户使用的操作系统的编号	$\{x \in N \mid 1 \leq x \leq 8\}$
Browser	用户使用的浏览器的编号	$\{x \in N \mid 1 \leq x \leq 13\}$
Region	用户所属地区编号	$\{x \in N \mid 1 \leq x \leq 9\}$
TrafficType	用户登录电商网站的方式	$\{x \in N \mid 1 \leq x \leq 20\}$
VisitorType	用户类型（分为"新用户""回头客"和"其他"三类）	{New_Visitor, Returning_Visitor,Other}
Weekend	浏览网站的时间是否在周末	[True,False]
Revenue	该浏览行为最后是否产生购买行为	[True,False]

在表 11-1 中，涉及以下三个重要指标。

（1）跳出率（BounceRates）是指用户只浏览了入口页面（如网站首页）就离开的浏览量与页面总流浏览量的比值。需要注意的是，只有入口页面才计算跳出率，非入口页面没有跳出率。

（2）退出率（ExitRates）是指从该页面退出网站的浏览量和所有进入该页面的浏览量的比值。所有页面都有退出率。

（3）页面价值（PageValues）是用来衡量一个页面的单次浏览量对特定目标的价值。企业数据分析人员可以通过设定网站的目标（如支付成功页面）和对应目标的价值，实现对网站各个页面重要性的衡量。页面价值的计算方法通常分为单路径页面价值和多路径页面价值两种。

① 单路径页面价值：从特定页面（如商品页）到目标页（如支付页）路径上所有页面价值之和。

② 多路径页面价值：各条路径页面价值的平均值。

例如：某电商平台规定，下单页和支付页的价值分别为 10 和 100。某用户从"商品页"A 下单，进入"下单页"B，并成功支付后转到"支付页"C，此时商品页 A 的页面价值为下单页 B 与支付页 C 的页面价值之和，即 110。

又例如：从"商品页"A 到"支付页"C 有两条路径，这两条路径的页面价值分别为 110 和 70，那么"商品页"A 的页面价值为（110 + 70）/2 = 90。

11.1.2 数据预处理

根据数据集的特点，本案例使用 pandas 模块和 sklearn 库中的 preprocessing 模块对数据集进行预处理。

首先，检查数据集中是否有缺失值，代码如下：

```
import pandas as pd
data=pd.read_csv('./online_shoppers_intention.csv') # 加载数据集
print(data.isnull().any()) # 检查是否有缺失值并输出检查结果
```

程序运行结果，如图 11-1 所示。

```
Administrative              False
Administrative_Duration     False
Informational               False
Informational_Duration      False
ProductRelated              False
ProductRelated_Duration     False
BounceRates                 False
ExitRates                   False
PageValues                  False
SpecialDay                  False
Month                       False
OperatingSystems            False
Browser                     False
Region                      False
TrafficType                 False
VisitorType                 False
Weekend                     False
Revenue                     False
dtype: bool
```

图 11-1　检查数据集中是否有缺失值

从图 11-1 可以看出，数据集中各个字段均数据完整，不存在缺失值，可以进行后续预处理操作。

检查数据集，发现还存在以下两点不足。

（1）Month、VisitorType、Weekend 和 Revenue 这四个字段的原始数据都是文本类型，为了方便后续数据处理，需要将它们转化为分类变量。

（2）各个字段的取值范围差异过大，需要对原始数据进行标准化处理。

针对原始数据的上述两点不足，对各个字段进行如下预处理操作：

```
from sklearn.preprocessing import LabelEncoder,MinMaxScaler
tf_encoder=LabelEncoder()
vt_encoder=LabelEncoder()
tf_encoder.fit(['False','True'])
vt_encoder.fit(['Returning_Visitor','New_Visitor','Other'])
data['Weekend_new']=tf_encoder.transform(data['Weekend'])
data['Revenue_new']=tf_encoder.transform(data['Revenue'])
data['VisitorType_new']=vt_encoder.transform(data['VisitorType'])
month={'Jan':1,'Feb':2,'Mar':3,'Apr':4,'May':5,'June':6,'Jul':7,'Aug':8,'Sep':9,'Oct':10,'Nov':11,'Dec':12}
data['Month_new']=data['Month'].apply(lambda x:month[x])
data=data.drop(['Month','Weekend','Revenue','VisitorType'],axis=1)
```

```
scaler=MinMaxScaler()
new_data=scaler.fit_transform(data) # 数据归一化处理
```

11.1.3　聚类分析

本案例是要对电商平台的消费者进行顾客市场细分，可以利用聚类分析实现。由于 Online Shoppers Purchasing Intention Dataset 数据集包含 12 330 条记录，数据规模较大，可以使用 MiniBatchKMeans 聚类方法替代传统的 k-means 算法，从而加快数据分析的速度并减少计算时间。

MiniBatchKMeans，即小批量 k 均值算法（mini-batch k-means），是 k-means 聚类算法的一种变体，旨在处理大规模数据集时降低计算成本和提高效率。传统的 k-means 算法需要在每一轮迭代中遍历整个数据集，这种做法在数据量较大时是非常耗时的。MiniBatchKMeans 通过每次仅使用数据集的一个小随机子集（即 mini-batch）来更新聚类中心，从而有效减少了计算时间。

1. 确定类别数量

本案例分别使用手肘法、轮廓系数和 Calinski-Harabasz 准则三种方法确定消费者类别数量，最终综合考虑三种方法的结果，找出合适的类别数量。Python 程序代码如下：

```
from sklearn import cluster,metrics
import matplotlib.pyplot as plt
sse=[]
sc=[]
ch=[]
for i in range(2,8):
clust=cluster.MiniBatchKMeans(init='k-means++',n_clusters=i,batch_
size=200,random_state=0)
clust.fit(new_data)
sse.append(clust.inertia_)
sc.append(metrics.silhouette_score(new_data,clust.labels_))
ch.append(metrics.calinski_harabaz_score(new_data,clust.labels_))
plt.rcParams['font.sans-serif'] = ['SimHei'] # 设置了字体为 SimHei
```

```
plt.rcParams['axes.unicode_minus'] = False # 解决负号显示为方块的问题
plt.subplot(131)
plt.plot(range(2,8),sse,linestyle='-',marker='o')
plt.xlabel('k 值')
plt.ylabel('手肘法 SSE 值')
plt.subplot(132)
plt.plot(range(2,8),sc,linestyle='-',marker='o')
plt.xlabel('k 值')
plt.ylabel('轮廓系数（Silhouette Coefficient）')
plt.subplot(133)
plt.plot(range(2,8),ch,linestyle='-',marker='o')
plt.xlabel('k 值')
plt.ylabel('Calinski-Harabasz Criterion 指数')
plt.show()
```

程序运行后，手肘法、轮廓系数和 Calinski–Harabasz 准则三种方法对应的结果如图 11–2、图 11–3 和图 11–4 所示。

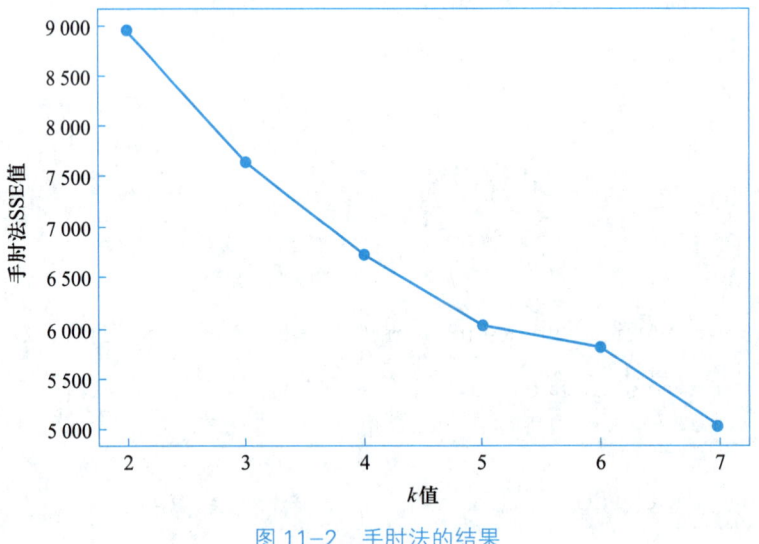

图 11-2　手肘法的结果

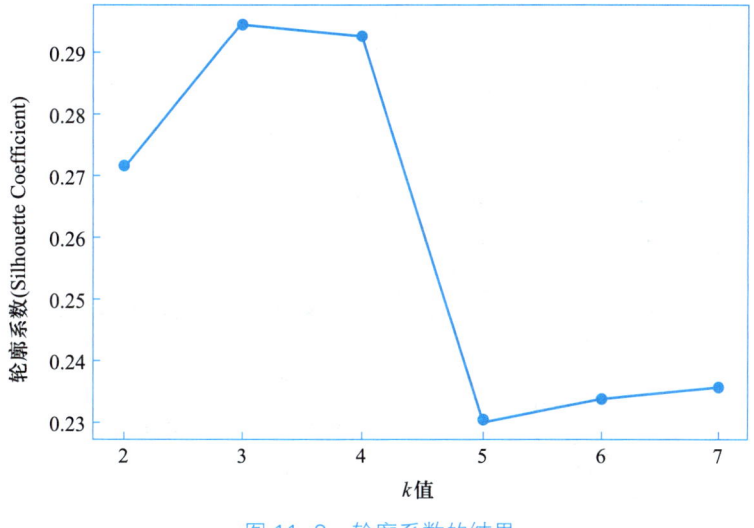

图 11-3　轮廓系数的结果

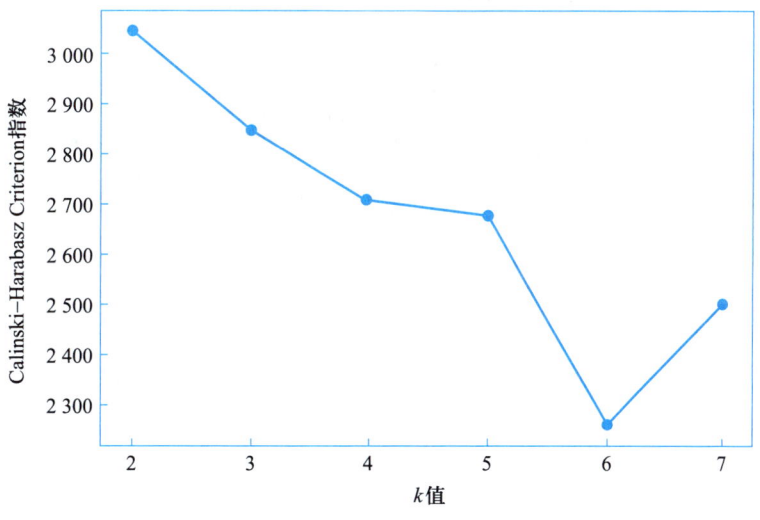

图 11-4　Calinski-Harabasz 准则的结果

从图 11-2 中可以看出，当 $k=5,6$ 时，手肘图中有一个较为明显的拐点。从图 11-3 中可以看出，当 $k=3,4$ 时，轮廓系数较大。从图 11-4 中可以看出，当 $k=2,3,4,5$ 时，Calinski-Harabasz 指数较大。因此，综合考虑三种方法的结果可以确定 $k=5$，即类别数量为 5。

2. 聚类分析

确定了将消费者划分为 5 个类别后，就可以进行聚类分析了，实现代码如下：

```
mbk=cluster.MiniBatchKMeans(init='k-means++',n_clusters=5,batch_
size=200,random_state=0)
```

```
mbk.fit(new_data)

print(mbk.cluster_centers_)
```

聚类分析的结果，如图 11-5 所示。

```
[[6.24379168e-03 1.94103150e-03 2.07535121e-03 5.24356601e-04
  7.40740741e-03 2.26721767e-03 7.31669819e-01 8.23489164e-01
  1.32218603e-04 1.12643678e-01 1.81718664e-01 1.14623244e-01
  2.30842912e-01 2.28271829e-01 9.57854406e-02 2.29885057e-02
  9.75095785e-01 4.88888889e-01]
 [7.05163291e-02 1.89717293e-02 1.51888342e-02 8.35786186e-03
  4.02316319e-02 1.64194802e-02 4.95785809e-02 1.72320041e-01
  1.09614686e-02 1.28571429e-01 1.61857847e-01 1.16892447e-01
  2.68472906e-01 1.39486648e-01 0.00000000e+00 8.74384236e-02
  9.95073892e-01 2.44088670e-01]
 [9.13277551e-02 2.69924272e-02 2.50291886e-02 1.40839179e-02
  4.90790078e-02 2.05179201e-02 5.25452613e-02 1.56136369e-01
  1.80616160e-02 4.76357268e-02 1.64623468e-01 9.74897840e-02
  2.84807356e-01 1.82136602e-01 9.89492119e-02 1.59369527e-01
  9.54465849e-01 5.46234676e-01]
 [8.86243386e-02 2.50518695e-02 1.07355442e-02 6.31832532e-03
  2.43342018e-02 9.20605492e-03 1.18375067e-02 9.55499909e-02
  3.31989514e-02 2.04081633e-02 1.59256560e-01 1.14795918e-01
  3.11224490e-01 1.74006445e-01 2.19387755e-01 2.75510204e-01
  5.86734694e-01 6.98979592e-01]
 [1.22648827e-01 3.36519029e-02 2.79777487e-02 2.20288476e-02
  6.35085960e-02 2.64911786e-02 4.59700285e-02 1.49699081e-01
  1.99327998e-02 4.18848168e-03 1.59685864e-01 1.17255672e-01
  2.57198953e-01 1.56448057e-01 1.30890052e-03 2.10732984e-01
  9.98036649e-01 8.64397906e-01]]
```

图 11-5　聚类分析的结果

图 11-5 中共有 5 个子列表，每一个子列表数据就代表了一类消费者的 18 个字段的数据（字段含义见表 11-1）。将图 11-5 中数据转换为表格形式更加便于观察和分析，如表 11-2 所示。

表 11-2　聚类分析的结果

属性	第 1 类	第 2 类	第 3 类	第 4 类	第 5 类
Administrative	0.00624	0.07052	0.09133	0.08862	0.12265
Administrative_Duration	0.00194	0.01897	0.02699	0.02505	0.03365
Informational	0.00208	0.01519	0.02503	0.01074	0.02798
Information_Duration	0.00052	0.00836	0.01408	0.00632	0.02203
ProductRelated	0.00741	0.04023	0.04908	0.02433	0.06351
ProductRelated_Duration	0.00227	0.01642	0.02052	0.00921	0.02649
BounceRates	0.73167	0.04958	0.05255	0.01184	0.04597
ExitRates	0.82349	0.17232	0.15614	0.09555	0.14970

属性	第1类	第2类	第3类	第4类	第5类
PageValues	0.00013	0.01096	0.01806	0.03320	0.01993
SpecialDay	0.11264	0.12857	0.04764	0.02041	0.00419
Month	0.18172	0.16186	0.16462	0.15926	0.15969
OperationSystems	0.11462	0.11689	0.09749	0.11480	0.11726
Browser	0.23084	0.26847	0.28481	0.31122	0.25720
Region	0.22827	0.13949	0.18214	0.17401	0.15645
TrafficType	0.09579	0.00000	0.98949	0.21939	0.00131
VisitorType	0.02299	0.08744	0.15937	0.27551	0.21073
Weekend	0.97510	0.99507	0.95447	0.05867	0.99804
Revenue	0.48889	0.24409	0.54623	0.69898	0.86440

接下来，使用collections类中的Counter模块统计每一类消费者人数：

```
from collections import Counter
print(Counter(mbk.labels_))
```

代码运行结果如下：

```
Counter({1: 3736, 4: 3616, 2: 2263, 3: 1709, 0: 1006})
```

即：第一类消费者1 006人，第二类消费者3 736人，第三类消费者2 263人，第四类消费者1 709人，第五类消费者3 616人，如表11-3所示。

表11-3　五类消费者人数统计

	第一类	第二类	第三类	第四类	第五类
分类人数	1 006	3 736	2 263	1 709	3 616
分类人数所占比例	8.16%	30.30%	18.35%	13.86%	29.33%
消费者总人数	12 330				

11.1.4　分析及结论

结合表11-2和表11-3进行分析，可以看出五类消费者在浏览商品行为、购买行为和人数比例等方面都各具特点。

（1）第一类消费者占总人数的 8.16%，他们浏览的页面价值较低，跳出率和退出率都较高，而达成购买行为的可能性较低，主要是通过浏览网页获取商品信息。另外，从数据中可以看出，此类消费者访问电商平台的日期临近节假日，浏览商品页面的时间很短，可以推测此类消费者大概率是在对比商品价格，可以称之为浅层浏览型。

（2）第二类消费者占总人数的 30.30%，他们浏览的页面价值较低，跳出率较高但浏览页面较多，达成购买行为的可能性较低，并且访问电商平台的日期也是临近节假日，但他们浏览了较多的商品页面，且浏览时间较长，可以推测此类消费者并没有明确的购买意图，可以称之为休闲享乐型。

（3）第三类消费者占总人数的 18.35%，他们浏览的页面价值、跳出率和退出率适中，达成购买行为的可能性位于五类消费者的中间水平，浏览了大量商品页面，且浏览相关页面的时间较长，说明此类消费者有一定的购买意向，但仍处于观望阶段，可以称之为信息获取型。

（4）第四类消费者占总人数的 13.86%，他们浏览的页面价值较高，在商品页面的停留时间最短，跳出率和退出率最低，达成购买行为的可能性最高，推测此类消费者有明确的购买意图，一旦找到合适的商品就会直接购买，可以称之为果断购买型。

（5）第五类消费者占总人数的 29.33%，他们浏览的页面价值较高，浏览的商品页面较多，浏览时间也很长，对应的跳出率和退出率较高，达成购买行为的可能性也较高，可以推测此类消费者有明确的购买意向，但不如第四类消费者果断，会对商品反复对比，属于犹豫购买型。

通过以上的数据分析，我们将消费者划分为五种类型，分析了每种类型消费者的行为特点和购买商品的可能性。企业可以利用数据分析的结果制定不同的营销策略，从而提高用户的购物体验，促成购买行为的达成，最终实现提高销售利润的目的。

11.2　地铁站点客流量分析预测

随着中国经济的快速发展和城市化进程的加速，城市轨道交通已成为现代城市交通体系的重要组成部分。截至 2024 年底，31 个省（自治区、直辖市）和新疆生产建设兵团共有 54 个城市开通运营城市轨道交通线路 325 条，车站 6 324 座，运营里程 10 945.6千米，位居全球第一。其中，地铁线路占据主导地位，占比超过 70%，成为城市公共交通的核心力量。以北京、上海、广州为代表的一线城市，其地铁网络规模已达到世界领先水平。其中，北京以 29 条运营线路、879 km 的运营里程、414 个车站，高居全国榜首。上海地铁运营里程 871.6 km，日均客运量超过 1 000 万人次，成为全球最繁忙的地铁系统之一。

目前，中国城市轨道交通正朝着智能化、绿色化和网络化的方向迈进，智慧城市轨道交通成为行业热点，人工智能、大数据、物联网等技术在轨道交通中的应用日益广泛。例如，通过大数据分析优化列车调度、提升运能利用率，以及通过智能票务系统改善乘客体验，已成为行业成功实践案例。

在城市轨道交通的运营管理中，地铁客流量数据是反映城市交通运行状况和乘客出行需求的重要指标。针对地铁客流量数据的处理和分析，不仅是制定运营计划、优化资源配置的基础，更是提升服务质量、保障安全运行的关键依据。具体而言，通过对地铁客流量数据的深入分析，可以实现以下几个方面的目标。

首先，精准预测客流量有助于优化地铁调度。借助人工智能和大数据技术，可以通过对历史客流数据的学习和建模，准确预测未来某一时间段内的客流量变化趋势，从而动态调整地铁发车间隔和编组数量，最大限度地提高运能利用率。

其次，客流数据分析还能为车站设施规划提供科学依据。地铁车站的设计需要充分考虑客流量的需求，包括出入口数量、站厅面积、扶梯布置等因素。然而，不同车站的客流量分布存在显著差异，且随着时间推移可能发生较大变化。因此，通过长期监测和分析客流量数据，可以识别出哪些车站需要扩容改造，哪些区域需要增设新线路，从而确保基础设施建设与实际需求相匹配。

此外，客流数据的分析对于提升乘客体验也具有重要意义。例如，通过实时监测各车站的客流密度，可以提前发布预警信息，提醒乘客避开拥挤时段和路段；通过分析乘客的出行规律，可以优化换乘路径，减少不必要的等待时间；通过挖掘潜在的出行需求，还可以开发定制化服务，如通勤套餐、商务快线等，满足不同群体的个性化需求。

本节将以郑州市 2015 年 8 月至 11 月的地铁闸机刷卡数据为基础，分析地铁站点的日客流量情况（进站和出站的总人数），进而对 2015 年 12 月 1 日至 7 日的站点日客流量进行预测，从而为地铁客流疏导、安保管控和站点规划等提供数据支持。

11.2.1 数据集介绍

本案例使用的数据集是郑州市 2015 年 8 月至 11 月的地铁闸机刷卡数据，数据已做了必要的脱敏处理，共包含"FILE_ID""RECORD_ROW""CARD_ID""CARD_TYPE""TRADE_TYPE""TRADE_ADDRESS""TRADE_DATE"等 41 个字段，如图 11-6 所示。由于数据量非常大，已经按照月份将数据集进行拆分，每个月的刷卡数据独立保存为一个 CSV 文件。其中，"FILE_ID"是记录所在文件编号，"CARD_ID"是地铁卡编号，"CARD_TYPE"是地铁卡类型，"TRADE_TYPE"是出行类型，该字段取值 21 表示进站刷卡，取值 22 表示出站刷卡，可以用于统计进站人数和出站人数。"TRADE_ADDRESS"是刷卡站点编号、"TRADE_DATE"是刷卡日期时间。其他字段后续用到时会进一步介绍。

为了分析地铁站点日客流量情况，本案例将重点关注数据集当中各个站点的进站人数、出站人数、站点信息、刷卡日期等信息。有些信息（如站点信息、刷卡日期等）是可以直接从数据集中读取到的，而有些信息（如进站人数、出站人数等）数据集中没有直接给出，但是可以通过统计方法计算得到。

	FILE_ID	RECORD_ROW	CARD_ID	CARD_TYPE	TRADE_TYPE	TRADE_ADDRESS	TRADE_DATE	TERMINAL_ID	OPERATOR	TRADE_MONEY	TRADE_VALUE	CURRENT_VALUE
2	4409252	5	66446666904	88	21	157	2015-08-01-05.42.28.000000	15742001	0	0	0	0
3	4409252	2	66446666929	88	21	155	2015-08-01-05.42.40.000000	15542009	0	0	0	0
4	4409252	7	66666279182	98	21	149	2015-08-01-05.44.55.000000	14940010	0	0	0	300
5	4409255	14	6.37163E+15	66	21	155	2015-08-01-05.46.07.000000	15542010	0	0	0	6590
6	4409252	3	66446666911	88	21	121	2015-08-01-05.46.33.000000	12140009	0	0	0	0
7	4409255	2	66446667956	88	21	123	2015-08-01-05.46.35.000000	12340005	0	0	0	0
8	4409255	3	66446666122	88	21	123	2015-08-01-05.46.36.000000	12340006	0	0	0	0
9	4409255	24	66666920268	98	21	121	2015-08-01-05.48.12.000000	12140004	0	0	0	300
10	4409255	25	66666077044	98	21	121	2015-08-01-05.48.14.000000	12140004	0	0	0	400
11	4409255	55	66446656040	88	21	129	2015-08-01-05.48.15.000000	12942007	0	0	0	0
12	4409255	15	66436666673	87	21	155	2015-08-01-05.48.23.000000	15542031	0	0	0	0
13	4409255	54	66446667926	88	21	137	2015-08-01-05.48.33.000000	13742022	0	0	0	0
14	4409252	4	66446666021	88	21	133	2015-08-01-05.49.23.000000	13342010	0	0	0	0
15	4409254	5	66436666673	87	22	155	2015-08-01-05.49.33.000000	15542009	0	0	0	0
16	4409252	8	66667081296	98	21	149	2015-08-01-05.49.40.000000	14940010	0	0	0	200
17	4409255	16	66436666673	87	21	155	2015-08-01-05.50.07.000000	15542010	0	0	0	0
18	4409254	4	66687877564	88	22	147	2015-08-01-05.50.24.000000	14742016	0	0	0	0
19	4409254	13	66687877564	88	21	147	2015-08-01-05.50.30.000000	14742015	0	0	0	0
20	4409255	69	66666961695	98	21	125	2015-08-01-05.50.39.000000	12540007	0	0	0	400
21	4409255	201	66666569143	98	21	159	2015-08-01-05.50.43.000000	15940009	0	0	0	400

图 11-6　地铁刷卡数据集字段（节选）

另外，地铁站点日客流量分析还需要考虑到外部因素的影响，如节假日、周末、工作日等。可以利用数据集中的刷卡日期时间进一步分析该刷卡记录是否在节假日、周末或工作日产生，这对于日客流量分析十分重要。

11.2.2　数据预处理

1. 缺失值、异常值的处理

首先，需要检查数据集中是否存在缺失值和异常值。由于本数据集是地铁运营系统的真实数据并进行了脱敏处理，不存在异常值。虽然多个字段数据缺失，但是缺失数据的字段与本案例的日客流量分析无关，因此不需要处理缺失值。

2．二分查找

由于需要统计每天各个站点的进站人数、出站人数等信息，就必须在大规模数据中准确筛选出某个站点某天内所有的进站刷卡记录和出站刷卡记录（需要去重）。数据筛选主要是通过查找记录的方式实现。为了有效提升在大规模数据中的查找速度，本案例采用二分查找算法实现特定记录的快速查找。

二分查找（binary search）是一种在有序数组或列表中查找特定元素的高效算法，其核心思想是通过逐步将搜索范围减半来快速找到目标元素。二分查找的前提是数据必须是有序的（升序或降序），因为只有有序的数据才能通过比较中间元素来缩小搜索范围。二分查找的基本原理如下。

前提条件：集合中的数据已排序（升序或降序均可）。

初始状态：定义两个指针 low 和 high 分别指向数据集的起始位置和结束位置。

迭代过程：

第 1 步：计算中间位置 mid = (low + high)/2。

第 2 步：将目标值与中间位置的元素值进行比较。

① 若目标值等于中间元素，则找到目标值，返回其索引。

② 若目标值小于中间元素，则 high = mid − 1，继续在左半部分查找。

③ 若目标值大于中间元素，则 low = mid + 1，继续在右半部分查找。

终止条件：当 low > high 时，表示搜索范围为空，目标值不存在于集合中。

3．站点进出站人数统计

根据二分查找的思想，设计一个用于查找某个站点具体日期的进站（或出站）记录的函数 find_index()，其代码如下：

```
def find_index(A):
    a0=int(A.iloc[0,0][8:10])            # 确定第一天
    a2=int(A.iloc[len(A)-1,0][8:10])     # 确定最后一天
    tA=A  # 赋初值
    while 1:
        I1=int(len(tA)/2)-1              # 数据折半
```

```
        I2=I1+1
        t0=int(tA.iloc[I1,0][8:10])              # i1 的日期
        t2=int(tA.iloc[I2,0][8:10])              # i2 的日期
        if t2!=t0:                               # 判断 i1 和 i2 的日期
            r=(tA.iloc[I1,0][:10],tA.index[I1])
            return r
            break
        if t2==t0 and t2==a0:
            tA=tA.iloc[I2:,]                     # 后半部分数据
        if t2==t0 and t2==a2:
            tA=tA.iloc[:I1+1,]                   # 前半部分数据
```

利用上面的二分查找函数 find_index()，可以进一步从数据集中查找出 8 月至 11 月这 4 个月中每天各个站点的进站记录数和出站记录数。将各个站点每天的进站记录数（去重后）作为进站人数；将各个站点每天的出站记录数（去重后）作为出站人数。

由于 8 月至 11 月的数据是每个月存储为一个 CSV 文件，我们以统计 2015 年 11 月每天各站点进站、出站人数为例，介绍具体的统计方法，其余 8 月至 10 月的统计方法与 11 月相同。11 月进站、出站人数统计的程序代码如下：

```
import pandas as pd
import numpy as np
import time
import fun
start = time.clock()
A=pd.read_csv('acc_11_final.csv',sep=',',usecols=[5])
S=pd.Series(A.iloc[:,0].values)  # 站点集合
Ad=S.unique()   # 站点去重
reader=pd.read_csv('acc_11_final.csv',sep=',',chunksize=100000,
usecols=[6])
# 提取 11 月 1 日至 30 日的日期
```

```
R=[]
for A in reader:
    a0=int(A.iloc[0,0][8:10])
    a2=int(A.iloc[len(A)-1,0][8:10])
    if a0!=a2:
        r=fun.find_index(A)
        R.append(r)
        # print(r)
# 获取"TRADE_TYPE""TRADE_ADDRESS"字段，确定进站、出站和站点编号
A=pd.read_csv('acc_11_final.csv',sep=',',usecols=[4,5])
A=A.as_matrix()    # 转为矩阵
Ad_values=[]       # 站点列表
day_values=[]      # 日期列表
C1_values=[]       # 进站数列表
C2_values=[]       # 出站数列表
C_values=[]        # 日客流量列表（日客流量 C=C1+C2）
for Z in range(len(Ad)):        # 遍历站点
    for t in range(len(R)+1): # 遍历日期
            if t==0:
                data=A[:R[t][1]+1,:]
                I1=data[:,1]==Ad[Z] # 记录站点
                I2=data[:,0]==21      # 记录进站或出站
                I3=data[:,0]==22
                C1_values.append(len(data[I1&I2,:]))
                C2_values.append(len(data[I1&I3,:]))
                day_values.append(R[t][0])
                Ad_values.append(Ad[Z])
            if t>0 and t<len(R):
                data=A[R[t-1][1]+1:R[t][1]+1,:]
```

```
            I1=data[:,1]==Ad[Z]

            I2=data[:,0]==21

            I3=data[:,0]==22

            C1_values.append(len(data[I1&I2,:]))

            C2_values.append(len(data[I1&I3,:]))

            day_values.append(R[t][0])

            Ad_values.append(Ad[Z])

        if t==len(R):

            data=A[R[t-1][1]+1:,:]

            I1=data[:,1]==Ad[Z]

            I2=data[:,0]==21

            I3=data[:,0]==22

            C1_values.append(len(data[I1&I2,:]))

            C2_values.append(len(data[I1&I3,:]))

            #8:8-31,9:9-30,10:10-31,11:11-30

            day_values.append('2015-11-30')

            Ad_values.append(Ad[Z])

for i in range(0,len(C1_values)):

    summm=C1_values[i]+C2_values[i]

    C_values.append(summm)

#print(C_values)

D={'Ad':Ad_values,'day':day_values,'C1':C1_values,'C2':C2_values,
'C':C_values}

Data=pd.DataFrame(D)

end = time.clock()

print(end-start)

Data.to_excel('11 月地铁客流量数据 .xlsx')
```

程序说明：

（1）程序中 C1 代表进站人数，对应数据集中类型编号是 21 的记录；C2 代表出站人数，对应数据集中类型编号是 22 的记录；站点日客流量 C = C1 + C2。

（2）程序第 5 行 start = time.clock()，在程序运行时可能会有警告信息。这是因为 time.clock() 函数从 Python 3.3 版本开始就不建议使用了。从 Python 3.8 版本开始，就不能使用 time.clock() 函数了，可以使用 time.perf_counter() 或者 time.process_time() 函数代替。

（3）由于上面代码演示的是 11 月中每天各个站点的进站、出站和日客流量的统计方法，8 月至 10 月的统计方法相同。只需要注意有的月份最后一天是 30 号，有的是 31 号，注意最后一天客流记录的筛选略有不同。

（4）为了方便后续的数据分析，程序将统计得到的站点编号、日期、进站人数、出站人数、日客流量数据重新做了标签化处理，依次命名为"Ad""day""C1""C2"和"C"。

（5）将统计得到的 11 月份进站、出站和日客流量数据保存至本地 Excel 文件"11 月地铁客流量数据 .xlsx"中，便于后续数据分析。其他月份的统计数据采用相同的保存方式。

上述程序执行后，可以得到 11 月份每天进站、出站和日客流量数据，共 600 条数据。以 127 号站点为例，前 30 条数据包括了该站点 2015 年 11 月 1 日至 30 日每天的进站、出站人数和日客流量数据，如图 11-7 所示。

	Ad	day	C1	C2	C
0	127	2015-11-01	13033	12711	25744
1	127	2015-11-02	10555	9750	20305
2	127	2015-11-03	10213	9815	20028
3	127	2015-11-04	9923	9370	19293
4	127	2015-11-05	10159	9557	19716
5	127	2015-11-06	12217	11820	24037
6	127	2015-11-07	18328	11831	30159
7	127	2015-11-08	12199	12041	24240
8	127	2015-11-09	10794	10109	20903
9	127	2015-11-10	10352	10085	20437
10	127	2015-11-11	10728	10157	20885
11	127	2015-11-12	10152	9812	19964
12	127	2015-11-13	12466	12491	24957
13	127	2015-11-14	12990	12351	25341
14	127	2015-11-15	11393	11083	22476
15	127	2015-11-16	10748	9949	20697
16	127	2015-11-17	10156	9875	20031
17	127	2015-11-18	10575	10115	20690
18	127	2015-11-19	10638	10141	20779
19	127	2015-11-20	12645	12309	24954
20	127	2015-11-21	12142	12073	24215
21	127	2015-11-22	11771	11068	22839
22	127	2015-11-23	11439	11413	22852
23	127	2015-11-24	19166	19109	38275
24	127	2015-11-25	17117	15533	32650
25	127	2015-11-26	15017	14281	29298
26	127	2015-11-27	15392	14116	29508
27	127	2015-11-28	12756	11126	23882
28	127	2015-11-29	11515	9498	21013
29	127	2015-11-30	10841	10588	21429
30	157	2015-11-01	305	321	626
31	157	2015-11-02	325	374	699

图 11-7　11 月份每天进站、出站和日客流量数据（节选）

11.2.3 统计数据可视化

将统计得到的各个站点每天进站、出站、日客流量数据进行可视化，可以直观地看出日客流量的变化趋势，找出局部峰值，有利于全面了解数据特征。

以 8 月份日客流量统计数据为例，介绍统计数据可视化方法。9 月至 11 月日客流量统计数据可视化方法与 8 月份相同。本案例采用折线图对统计数据进行可视化展示，具体代码如下：

```python
import pandas as pd
import numpy as np
import matplotlib.pyplot as plt
path='8 月地铁客流量数据 .xlsx'
data=pd.read_excel(path)
zd=data.iloc[:,0]
zd=zd.unique()
j=1
rs=[]
for i in zd:
    tb=data.loc[data['Ad']==i,['day','C']].sort_values('day')
    j=tb.iloc[:,1]
    rs.append(j)
    j=j+1
x=np.arange(1,len(tb.iloc[:,0])+1)
plt.figure(figsize=(15,10))
plt.rcParams['font.sans-serif']='SimHei'
plt.plot(x,rs[0], color='pink',marker='*')
plt.plot(x,rs[1],color='yellowgreen',marker='*')
plt.plot(x,rs[2],color='red',marker='*')
plt.plot(x,rs[3],color='purple',marker='*')
plt.plot(x,rs[4],color='orange',marker='*')
plt.plot(x,rs[5],color='black',marker='*')
```

```
plt.plot(x,rs[6],color='blue',marker='*')
plt.plot(x,rs[7],color='cyan',marker='*')
plt.plot(x,rs[8],color='darkred',marker='*')
plt.plot(x,rs[9],color='deepskyblue',marker='*')
plt.plot(x,rs[10],color='green',marker='*')
plt.plot(x,rs[11],color='khaki',marker='*')
plt.plot(x,rs[12],color='maroon',marker='*')
plt.plot(x,rs[13],color='tomato',marker='*')
plt.plot(x,rs[14],color='sandybrown',marker='*')
plt.plot(x,rs[15],color='silver',marker='*')
plt.plot(x,rs[16],color='peru',marker='*')
plt.plot(x,rs[17],color='mediumvioletred',marker='*')
plt.plot(x,rs[18],color='lightgray',marker='*')
plt.plot(x,rs[19],color='chocolate',marker='*')
plt.xlabel('日期')
plt.ylabel('客流量')
plt.title('8月地铁客流量走势图')
plt.legend(sorted(zd)) # 站点标签
#plt.legend(['121','123','125','127','129','131','133','135','137','139',
'141','143','145','147','149','151','153','155','157','159'])
plt.xticks([1,5,10,15,20,25,30],tb['day'].values[[0,4,9,14,19,24,29]],
rotation=45)
plt.savefig('myfigure1')   # 保存生成的图片
```

　　8月份每天进站、出站和日客流量数据的可视化效果，如图11-8所示。

　　由图11-8可以看出，地铁站点的日客流量随时段不同出现较大起伏，日客流量较大的站点分别为137、139、145和155。可以在这些站点进行有针对性的客流疏导、安保管控等措施，避免乘客拥堵或出现其他危险情况，提升乘客的出行体验。

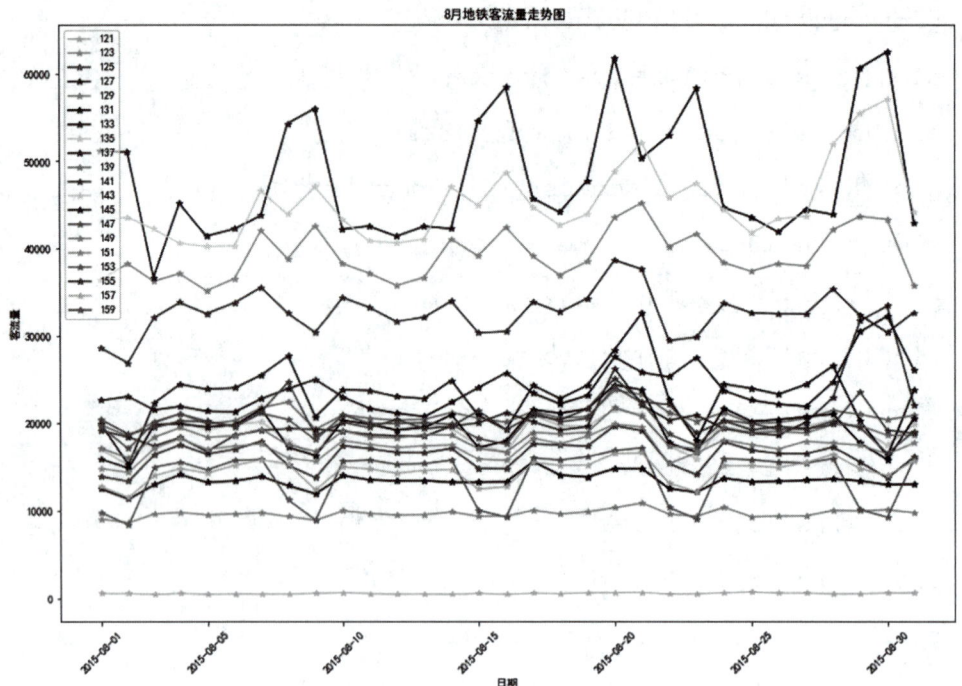

图 11-8　8 月份每天进站、出站和日客流量数据可视化

采用相同的方法，可以得到 9 月至 11 月统计数据的可视化效果，如图 11-9、图 11-10、图 11-11 所示。

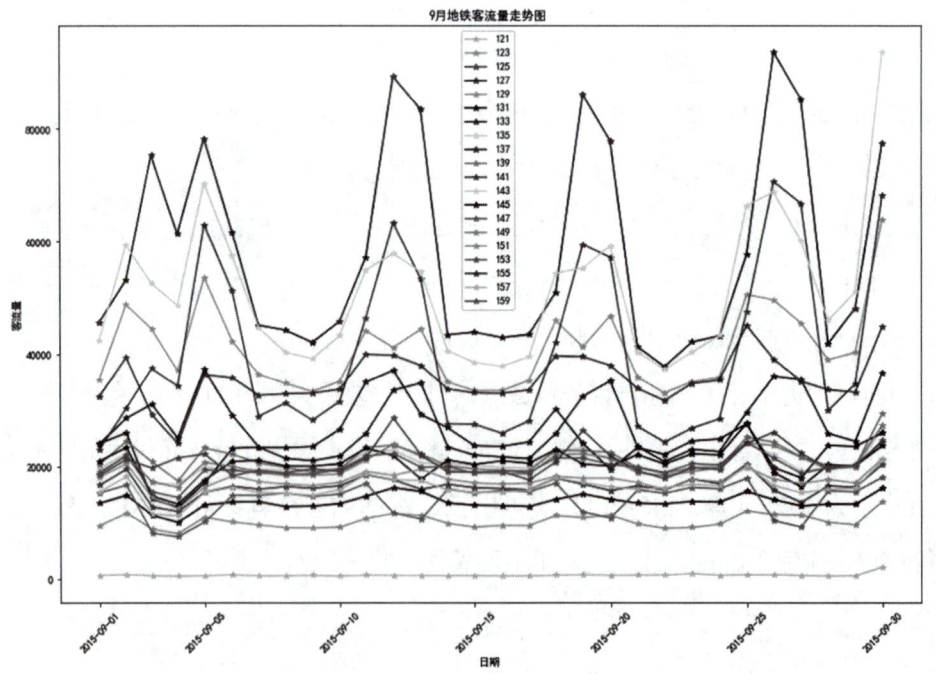

图 11-9　9 月份每天进站、出站和日客流量数据可视化

从图 11-9 可以看出，各个站点日客流量变化较为显著，站点运营可能会面临一定的压力。在日客流量高峰时，可以适当增派工作人员，做好客流疏导和安保管控措施。

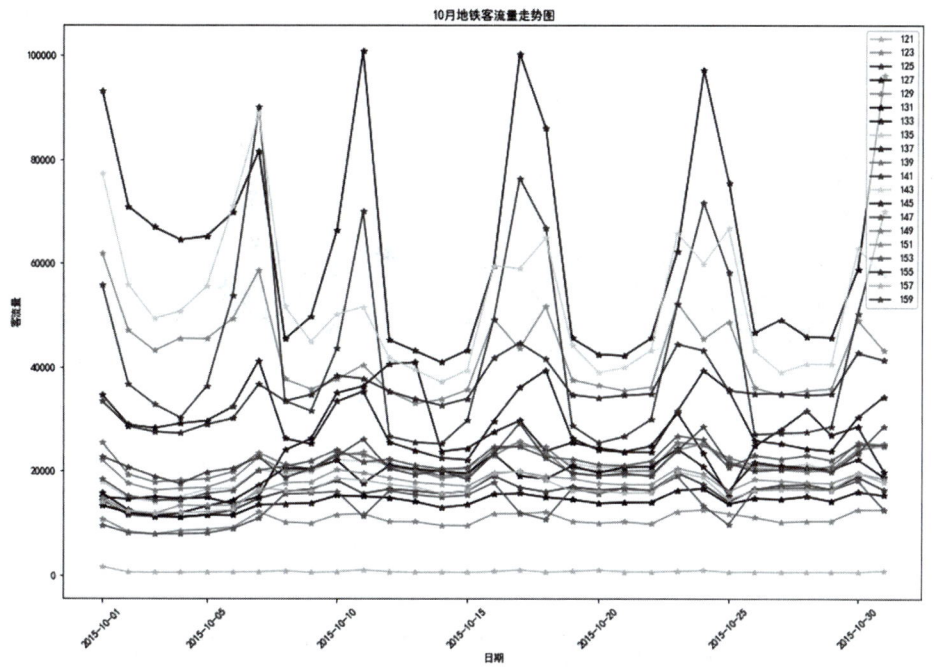

图 11-10　10 月份每天进站、出站和日客流量数据可视化

从图 11-10 可以看出，由于本月国庆"十一"黄金周的影响，地铁站点日客流量峰值显著高于其他月份，并且在周末客流量也有明显提升，多日出现较高峰值，各站点需要提前做好应对措施，并制定好应急预案。

从图 11-11 可以看出，各站点的日客流量变化趋于平缓，虽然周末还是有小幅度的起伏，但整体运营压力明显降低。

因此，从 8 月至 11 月的站点日客流量统计数据可知，工作日、节假日、周末等不同状态，均是站点日客流量的显著影响因素。在后续的数据分析和预测过程中，不能忽略上述影响因素。因此，将之前得到的每个月的站点日客流量统计数据中增加一个字段"jr"。如果某条刷卡记录的日期是节假日或周末，字段"jr"的取值为 1；如果刷卡记录的日期是工作日，字段"jr"的取值为 0。这样就在客流量统计数据中增加了代表节假日、周末和工作日等影响因素的特征值，如图 11-12 所示。

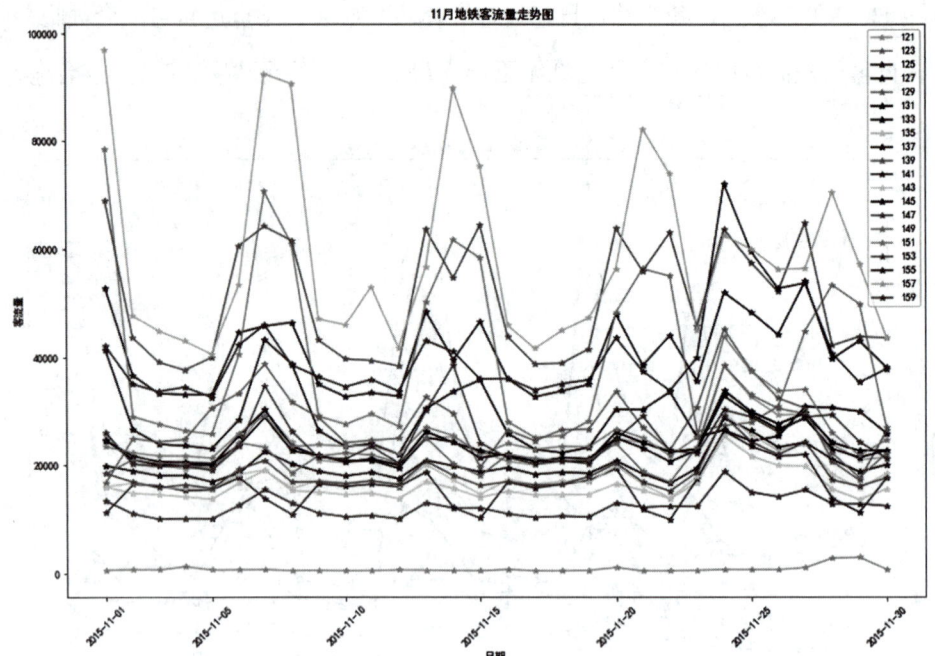

图 11-11 11月份每天进站、出站和日客流量数据可视化

	Ad	day	C1	C2	C	jr
0	127	2015-11-01	13033	12711	25744	1
1	127	2015-11-02	10555	9750	20305	0
2	127	2015-11-03	10213	9815	20028	0
3	127	2015-11-04	9923	9370	19293	0
4	127	2015-11-05	10159	9557	19716	0
5	127	2015-11-06	12217	11820	24037	0
6	127	2015-11-07	18328	11831	30159	1
7	127	2015-11-08	12199	12041	24240	1

图 11-12 增加字段"jr"之后的客流量统计数据

从图 11-12 可以看出，2015 年 11 月 1 日、7 日和 8 日三天是周末，对应的字段"jr"取值为 1；其他日期为工作日，字段"jr"取值为 0。

11.2.4 地铁站点日客流量的预测

目前，我们已经获得了从 8 月至 11 月各个站点的日客流量统计数据，并通过可视化的方法进行了数据分析。接下来，可以进一步将日客流量统计数据作为训练样本数据，构建神经网络模型，预测 12 月 1 日至 7 日的站点日客流量数据。

之前，我们已经获得了如图 11-12 所示的各站点日客流量统计数据，共 5 个数据特征，2 440 条数据，保存在 Excel 文件"客流量统计数据 .xlsx"中。

设变量 x 表示训练样本的特征输入，变量 y 表示训练样本的特征输出。下面开始构建训练样本和预测样本。

1. 训练样本的构建

训练样本的构建方法，具体代码如下：

```
import pandas as pd
data=pd.read_excel('客流量统计数据.xlsx')
x=data.iloc[:,:5]        # 提取前 4 个字段数据
y=data.iloc[:,5]         # 提取客流量数据
```

2. 预测样本的构建

以 121 站点为例，预测样本的构建方法，具体代码如下：

```
import numpy as np
#121 站点给出实测值
x11=np.array([121,11407,11265,20151201,0]).reshape(1,5)
x12=np.array([121,12655,13553,20151202,0]).reshape(1,5)
x13=np.array([121,13978,11538,20151203,0]).reshape(1,5)
x14=np.array([121,11468,8543,20151204,0]).reshape(1,5)
x15=np.array([121,17612,14650,20151205,1]).reshape(1,5)
x16=np.array([121,24541,18215,20151206,1]).reshape(1,5)
x17=np.array([121,13578,11005,20151207,0]).reshape(1,5)
```

其中，预测样本的输入特征变量用 x11、x12、x13、x14、x15、x16、x17 表示。

3. 神经网络回归模型的构建

神经网络回归模型的构建，具体代码如下：

```
# 导入神经网络回归模块 MLPRegressor
from sklearn.neural_network import MLPRegressor
# 利用 MLPRegressor 创建神经网络回归对象 clf
clf=MLPRegressor(solver='lbfgs', alpha=1e-5, hidden_layer_sizes=8,
random_state=1)
# 调用 clf 对象中的 fit() 方法进行网络训练
clf.fit(x,y);
# 调用 clf 对象中的 score() 方法获得神经网络回归的判决系数
```

```
rv=clf.score(x,y)
# 调用 clf 对象中的 predict() 方法进行预测，获得预测结果
R11=clf.predict(x11)
R12=clf.predict(x12)
R13=clf.predict(x13)
R14=clf.predict(x14)
R15=clf.predict(x15)
R16=clf.predict(x16)
R17=clf.predict(x17)
```

4. 站点日客流量预测

构建好训练样本、预测样本和神经网络回归模型之后，可以针对全部站点（共 20 个），2015 年 12 月 1 日至 7 日的客流量进行预测，具体代码如下：

```
import pandas as pd
import numpy as np
#
def zd_pred(x):
    # 第 1 个站点数据
    x11=np.array([121,11407,11265,20151201,0]).reshape(1,5)
    x12=np.array([121,12655,13553,20151202,0]).reshape(1,5)
    x13=np.array([121,13978,11538,20151203,0]).reshape(1,5)
    x14=np.array([121,11468,8543,20151204,0]).reshape(1,5)
    x15=np.array([121,17612,14650,20151205,1]).reshape(1,5)
    x16=np.array([121,24541,18215,20151206,1]).reshape(1,5)
    x17=np.array([121,13578,11005,20151207,0]).reshape(1,5)
    x1=[x11,x12,x13,x14,x15,x16,x17]
    # 由于数据篇幅过长，以下 18 个站点数据省略，可以自行添加
    ......
    # 第 20 个站点数据
    x201=np.array([159,15428,13572,20151201,0]).reshape(1,5)
```

```
    x202=np.array([159,23516,18234,20151202,0]).reshape(1,5)

    x203=np.array([159,8235,11645,20151203,0]).reshape(1,5)

    x204=np.array([159,13647,13476,20151204,0]).reshape(1,5)

    x205=np.array([159,22858,26331,20151205,1]).reshape(1,5)

    x206=np.array([159,22971,28102,20151206,1]).reshape(1,5)

    x207=np.array([159,14132,14167,20151207,0]).reshape(1,5)

    x20=[x201,x202,x203,x204,x205,x206,x207]

    qq=[x1,x2,x3,x4,x5,x6,x7,x8,x9,x10,x11,x12,x13,x14,
x15,x16,x17,x18,x19,x20]

    return qq
# 读入客流量统计数据
data=pd.read_excel('客流量统计数据.xlsx')

x=data.iloc[:,:5]

y=data.iloc[:,5]

from sklearn.neural_network import MLPRegressor

clf=MLPRegressor(solver='lbfgs',alpha=1e-5,hidden_layer_
sizes=8,random_state=1)

clf.fit(x,y);

rv=clf.score(x,y)

#print(rv)

#zd=[123,125,127,129,131,133,135,137,139,141,143,145,147,149,151
,153,155,157,159]

f=x.iloc[:,0]

f=f.unique()

zd=np.array(f).reshape(1,20)

b=[]

for g in zd:

    qq= zd_pred(x)

    for k in qq:
```

第 11 章　数据处理综合案例　　　　217

```
for j in k:
        a=clf.predict(j)
        print( str(j[0][0]) + '预测结果为 ',a)
        b.append(a)
b=pd.DataFrame(b)
print(b)
```

程序运行结果（节选）如图 11-13 所示。

```
121预测结果为 [22686.6825161]
121预测结果为 [26222.74006867]
121预测结果为 [25530.61058513]
121预测结果为 [20025.56377558]
121预测结果为 [32276.69748667]
121预测结果为 [42770.6249775]
121预测结果为 [24597.60075633]
123预测结果为 [10599.05506177]
123预测结果为 [11487.05159623]
123预测结果为 [9147.09530109]
123预测结果为 [10102.05668976]
123预测结果为 [11505.14377744]
123预测结果为 [11280.14461619]
123预测结果为 [9761.04705613]
125预测结果为 [21722.63322093]
125预测结果为 [20685.61559516]
125预测结果为 [21437.62017564]
125预测结果为 [27821.58913566]
125预测结果为 [22210.72935137]
125预测结果为 [22222.72511907]
125预测结果为 [20751.60283818]
```

图 11-13　20 个站点 12 月 1~7 日客流量预测结果（节选）

从图 11-13 可以看出，20 个站点 12 月 1~7 日的客流量预测结果均已给出。其中 121 站点 12 月 1~7 日的客流量预测值分别为：22686.6825161、26222.74006867、25530.61058513、20025.56377558、32276.69748667、42770.6249775、24597.60075633。后面是从 123 站点开始的后续 19 个站点客流量预测结果（图 11-13 中已省略）。

5. 预测结果分析

为了更好地对预测结果进行全面分析，我们将预测结果进行可视化操作，具体代码如下：

```
import pandas as pd
import matplotlib.pyplot as plt
import seaborn as sns
datayuce=pd.read_excel('预测结果 .xlsx')
datayuce=datayuce.reset_index()
print(datayuce)
#index: 日期
datayuce=datayuce.melt(id_vars=['index'],var_name='x',value_
name='value')
##var_name: 变量名, value_name：取值
print(datayuce)
plt.figure(figsize=(8,6))
sns.barplot(x='index',y='value',hue='x',data=datayuce,color='r',orient=
'v',palette="Set3",estimator=sum,ci=0)
plt.tight_layout()
plt.legend(loc='upper left')
ax = sns.barplot(x=id_vars, y=datayuce)
for i, value in enumerate(datayuce):
    ax.text(i, value + 0.5, str(value), ha='center')
plt.savefig('预测数据走势图',dpi=300)
```

程序说明：

（1）在可视化之前，将神经网络模型预测的客流量数据保存为"预测结果 .xlsx"文件。

（2）可视化操作需要用到 seaborn 包，在运行程序前先确保 seaborn 包已正常安装。

程序运行结果如图 11-14 所示。

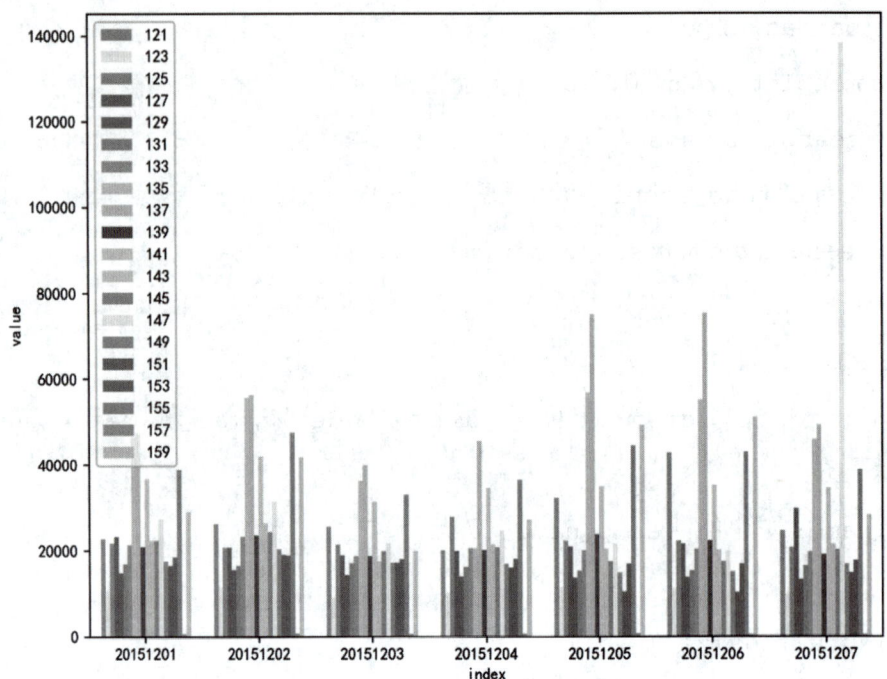

图 11-14　20 个站点 12 月 1~7 日客流量预测数据可视化效果

　　由图 11-14 可以看出，站点 135、137 的客流量普遍较高，应加强这两个站点的日常客流疏导和安保工作。2015 年 12 月 7 日，站点 147 的客流量出现异常峰值，推测很可能是意外因素导致客流量增多，可以提前采取预警和应急预案，以避免影响站点 147 的正常运营。